Ihlenfeld/Klaus • Rechte und Pflichten in der Kita

Lars Ihlenfeld/Holger Klaus

# Rechte und Pflichten in der Kita

Was Kinder dürfen und Erzieher/innen müssen

*Lars Ihlenfeld* ist Rechtsanwalt in Berlin, Gründungs- und ehemaliges Vorstandsmitglied des Waldkindergartens Berlin Pankow und Dozent für Qualifizierungslehrgänge von Kita-Leitungen.
*Holger Klaus* ist Rechtsanwalt in Berlin und besitzt langjährige Erfahrung auf dem Gebiet der rechtlichen Beratung von Kita-Leitungen und Kita-Trägern.

Das vorliegende Buch ist mehrfach sorgfältig durchgesehen worden.
Trotzdem kann angesichts des sich ständig ändernden Rechts
keine Garantie für die Richtigkeit aller Informationen gegeben werden.
Insbesondere kann dieses Buch keine Rechtsberatung im Einzelfall ersetzen.

Dieses Buch ist auch als E-Book erhältlich
(ISBN 978-3-407-29242-1)

© 2014 Beltz Verlag · Weinheim und Basel
www.beltz.de

Lektorat: Miriam Frank, Heike Gras
Herstellung und Satz: Uta Euler
Druck: Beltz Druckpartner GmbH & Co. KG, Hemsbach
Reihengestaltung: glas ag, Seeheim-Jugenheim
Umschlaggestaltung: Sarah Veith
Umschlagabbildung und Illustrationen: Jonathan Bachmann
Printed in Germany

ISBN 978-3-407-62853-4

# Inhaltsverzeichnis

Vorwort      7

## Arbeitsrecht

Stellenanzeige      11
Vorstellungsgespräch      15
Arbeitsvertrag      21
Direktionsrecht/Weisungsrecht      34
Abmahnung      35
Urlaub      38
Krankheit      42
Arbeitszeit      44
Mutterschutz      45
Elternzeit      48
Kündigung      52
Arbeitszeugnis      59

## Aufsichtspflicht und Haftung

Übertragung der Aufsichtspflicht      65
Beginn und Ende der Aufsichtspflicht      66
Art und Umfang der Aufsichtspflicht      68
Verkehrssicherungspflichten      69
Infektionsschutz      71
Konsequenzen eines Schadenfalles      73
Medizinische Versorgung      75
Kindeswohlgefährdung      76

# Datenschutz und Verschwiegenheitspflicht

Schutz persönlicher Daten     81
Aufbewahrungspflichten     82
Verwendung von Daten     82

# Weitere Rechtsgebiete

Familienrecht     86
Mietrecht     88
Kaufrecht     91

Anhang     93
Literatur     127

# Vorwort

Liebe Erzieherinnen und Erzieher[1], liebe Kita-Leitungen,

als Eltern von Kindern im Kindergartenalter wissen wir Ihre Tätigkeit nicht hoch genug zu schätzen. Als Rechtsanwälte und Seminarleiter ist uns bewusst, wie sehr Sie im Alltag mit den rechtlichen Rahmenbedingungen konfrontiert sind und wie wenig Zeit Ihnen bleibt, sich mit Formalien auseinanderzusetzen.

Wir haben daher versucht, ein Werk zu erstellen, in dem Sie innerhalb kürzester Zeit den Sie aktuell betreffenden Sachverhalt gemeinsam mit einer Erläuterung und einer Handlungsempfehlung finden. Um das Lesen und Suchen nicht unnötig zu erschweren, haben wir so weit wie möglich sowohl auf die juristische Fachsprache als auch auf theoretische Ausführungen verzichtet. In dem vorliegenden Buch finden sich einzig und allein solche Themen, die alltagsrelevant und seminarerprobt sind, also solche, die in unseren Seminaren immer wieder nachgefragt werden. Wir arbeiten in unseren Seminaren immer auch mit den Gesetzestexten und möchten Sie mit unseren Paragrafenhinweisen ermutigen, das auch zu versuchen. Vieles ist in der juristischen Sprache eigentümlich und auf den ersten Blick kompliziert formuliert, aber mit der Zeit werden Sie einen Blick für das Wesentliche entwickeln und mit unseren Hinweisen einen Weg durch die gesetzlichen Vorgaben Ihres Arbeitslebens finden.

Zur besseren Übersicht führen Sie folgende Icons durch das Buch:

Info

Wichtiger Hinweis

Beispiel

Paragraf

Checkliste

---

[1]   Da die überwiegende Anzahl der Erzieher/innen heutzutage noch weiblich ist, verwenden wir in diesem Buch durchgehend die feminine Form, wenn der Kita-Kontext konkret angesprochen wird. Geht es um ein Rechtsgebiet im Allgemeinen, orientieren wir uns an der gesetzlichen Vorlage und verwenden im Singular die männliche Form, im Plural die geschlechtsneutrale Formulierung. Wir möchten grundsätzlich aber beide Geschlechter ansprechen.

Wir erheben keinen Anspruch auf Vollständigkeit. Sollten Sie Fragen haben, auf die Sie in diesem Buch keine Antwort finden, oder auch Anregungen, freuen wir uns auf Ihre E-Mail an kitarechtler@vest-llp.de.

## Danke

Dieses Buch ist mit tatkräftiger Unterstützung vieler, vieler Menschen zustande gekommen.

Wir möchten uns insbesondere bei unseren Eltern bedanken, die viel Zeit mit ihren Enkeln verbracht haben, wodurch sich immer wieder Zeitfenster für das Schreiben auftaten.

Unser Dank geht auch an Oliver Strube und Alfons Scheitz, die vor vielen Jahren die Anregung zu diesem Projekt gaben.

Last but not least gilt unser Dank unseren Frauen für ihr be- und verständiges Feedback und das nahezu grenzenlose Verständnis für die vielen Extrastunden im Büro.

Berlin, Juni 2013                                          *Holger Klaus, Lars Ihlenfeld*

# Arbeitsrecht

## Hinführung

Im Kindergartenalltag begegnet der Leitung fast das gesamte Spektrum arbeitsrechtlicher Probleme. Schon bei der Stellenausschreibung und der Bewerberauswahl sind verschiedenste rechtliche Aspekte zu beachten: Wie funktioniert die Stellenanzeige? Wie erfolgt möglichst problemlos die Bewerberauswahl? Und welche Feinheiten sind arbeitsvertraglich zu beachten und gegebenenfalls zu regeln?

Aber auch im bestehenden Arbeitsverhältnis kann sich eine Vielzahl von rechtlichen Herausforderungen für eine Kita-Leitung ergeben: Wie sollte andauerndes Zuspätkommen zur Arbeit geahndet werden? Wie ist mit Aufsichtspflichtverletzungen und anderem Fehlverhalten umzugehen? Darüber hinaus sind natürlich die gesetzlichen Regelungen zur Schwangerschaft und Elternzeit gerade bei jüngerem Erziehungspersonal von besonderer Relevanz.

Schlussendlich ist stets auch die Beendigung des Arbeitsverhältnisses rechtlich einwandfrei zu meistern.

Die Lektüre der einzelnen gesetzlichen Vorschriften erklärt zwar vieles, leider jedoch bei Weitem nicht alles. Denn der gesetzlich festgelegte Mindeststandard wird häufig entweder durch entsprechende arbeitsvertragliche Regelungen erweitert oder durch die sich stetig entwickelnde Rechtsprechung ergänzt.

Damit Sie hier nicht den Überblick verlieren und sich im Bedarfsfall zu helfen wissen, haben wir in den folgenden Abschnitten Informationen zum Arbeitsrecht zusammengestellt.

 **Relevante Gesetze im Bereich Arbeitsrecht** Im Arbeitsrecht findet eine Vielzahl an Gesetzen Anwendung, auf die wir im Text immer wieder Bezug nehmen. Hier ein Überblick über diese verwendeten Gesetze und ihre Abkürzungen:

- o Allgemeines Gleichbehandlungsgesetz (AGG)
- o Sozialgesetzbuch VIII: Kinder- und Jugendhilfe (SGB VIII)
- o Sozialgesetzbuch IX: Rehabilitation und Teilhabe behinderter Menschen (SGB IX)
- o Bürgerliches Gesetzbuch (BGB)
- o Teilzeit- und Befristungsgesetz (TzBfG)
- o Betriebsverfassungsgesetz (BetrVG)
- o Tarifvertragsgesetz (TVG)
- o Arbeitszeitgesetz (ArbZG)
- o Bundesurlaubsgesetz (BUrlG)
- o Entgeltfortzahlungsgesetz (EntgFG)
- o Mutterschutzgesetz (MuSchG)
- o Verordnung zum Schutze der Mütter am Arbeitsplatz (MuSchArbV)
- o Berufsbildungsgesetz (BBiG)
- o Arbeitsstättenverordnung (ArbStättV)
- o Pflegezeitgesetz (PflegeZG)
- o Familienpflegezeitgesetz (FpfzG)
- o Kündigungsschutzgesetz (KSchG)

# Stellenanzeige

## Interne und externe Ausschreibung

Eine Stelle in der Kita ist zu besetzen und soll ausgeschrieben werden. Was ist zu tun?

Eine Stelle kann extern oder lediglich intern ausgeschrieben werden. Für den Fall, dass es einen Betriebsrat gibt, hat dieser das Recht, auch eine betriebsinterne Ausschreibung zu verlangen. Denn § 93 BetrVG (Betriebsverfassungsgesetz) regelt:

> **§** Der Betriebsrat kann verlangen, dass Arbeitsplätze, die besetzt werden sollen, allgemein oder für bestimmte Arten von Tätigkeiten vor ihrer Besetzung innerhalb des Betriebs ausgeschrieben werden. (§ 93 BetrVG)

Sie dürfen in diesem Fall zugleich extern ausschreiben. Allerdings müssen dann die Anforderungen identisch sein. Besteht kein Betriebsrat (wie wohl in den meisten kleineren Kitas), ist diese Anforderung nicht zu beachten.

Weiter ist § 7 Abs. 1 TzBfG (Teilzeit- und Befristungsgesetz) zu berücksichtigen. Denn dieser besagt, dass ein Arbeitgeber einen Arbeitsplatz, den er öffentlich oder innerhalb des Betriebs ausschreibt, auch als Teilzeitarbeitsplatz ausschreiben muss, wenn sich der Arbeitsplatz hierfür eignet. Ob dies der Fall ist, hat jedoch allein der Arbeitgeber als unternehmerische Entscheidung zu beurteilen. Die unternehmerische Einschätzung, dass sich ein Arbeitsplatz nicht als Teilzeitarbeitsplatz eignet, darf jedoch nicht unsachlich, unvernünftig oder willkürlich sein. Es müssen also gute Gründe hierfür vorliegen. Im Einzelfall denkbar wäre z. B., dass zumindest eine Erzieherin in Vollzeit angestellt sein soll, um während der Kernöffnungszeiten dauerhaft präsent zu sein. Abgesehen von diesem Fall dürften sich jedoch nahezu alle Stellen in einer Kita auch für Teilzeitkräfte eignen. Denn es wäre unsachlich, wenn in Anbetracht langer Öffnungszeiten und den damit verbundenen Schichtdiensten lediglich Vollzeitstellen besetzt werden sollen.

> **!** Soweit sich die auszuschreibende Stelle auch für eine Teilzeitstelle eignet, ist dies in der Stellenanzeige kenntlich zu machen: »Die Stelle eignet sich auch als Teilzeittätigkeit.«

Oft wird auch § 81 Abs. 1 SGB IX übersehen. Danach ist bei der Besetzung von freien Stellen ein Arbeitgeber verpflichtet zu prüfen, ob die Stelle mit einem schwerbehinderten Menschen besetzt werden könnte. Hierzu sollte sich ein Arbeitgeber frühzeitig, d. h. vor Aufgabe der Stellenanzeige, an die Arbeitsagentur wenden. Diese macht dem Arbeitgeber Vorschläge zur Besetzung der Stelle.

Mit einem Urteil des Bundesarbeitsgerichts aus dem Jahr 2011 hat § 81 Abs. 1 SGB IX zusätzliche Bedeutung gewonnen. Denn das Bundesarbeitsgericht hatte entschieden, dass ein abgelehnter schwerbehinderter Bewerber sich darauf berufen könne, die Verletzung dieser Pflicht lasse seine Benachteiligung wegen der Behinderung vermuten. Das Gericht führte zudem aus, dass die Prüfpflicht zur Berücksichtigung schwerbehinderter Menschen nach § 81 Abs. 1 SGB IX bei der Besetzung freier Stellen immer und für alle Arbeitgeber und unabhängig davon, ob sich ein schwerbehinderter Mensch beworben oder bei seiner Bewerbung diesen Status offenbart hat, gelte.

Dies führt zu folgender Konsequenz: Wenn ein Arbeitgeber bereits die Prüfpflicht verletzt, kann dies ein Indiz dafür darstellen, dass er einen abgelehnten schwerbehinderten Menschen wegen seiner Behinderung benachteiligt hat. Aufgrund dieser sogenannten Indizwirkung müsste nun der Arbeitgeber die Vermutung einer Benachteiligung widerlegen. In der Praxis dürfte dies oftmals fast unmöglich sein. Daher sollten Sie die Anforderungen des § 81 Abs. 1 SGB IX besser nicht leichtfertig übergehen.

 Setzen Sie sich mit der Arbeitsagentur in Verbindung und legen Sie Ihre konkrete Beschreibung der möglicherweise (auch) für einen schwerbehinderten Menschen geeigneten Stelle vor. Eine nur zusammenfassende Nachfrage bei der Agentur ist nicht ausreichend. Bedenken Sie auch, dass der Arbeitsagentur zwingend ausreichend Zeit zur Prüfung gelassen werden muss.

## Diskriminierungsfreier Text

Ist die Frage der internen und/oder externen Stellenausschreibung geklärt, sollte bei dem Verfassen der Stellenanzeige sehr sorgfältig vorgegangen werden. Andernfalls können spätestens seit Inkrafttreten des AGG (Allgemeines Gleichbehandlungsgesetz) von abgelehnten Bewerber/innen Schadensersatzforderungen infolge tatsächlicher oder vermuteter Diskriminierung drohen. Es sollte also besser nicht nebenher und auf die Schnelle ein Aushang oder ein Gesuch in einer Internet-Jobbörse erstellt werden, mit der z. B. »eine flexible Erzieherin für ein junges dynamisches Team« (dazu später mehr) gesucht wird. Stellenanzeigen sind grundsätzlich diskriminierungsfrei aufzugeben, denn das ausdrückliche Benachteiligungsverbot des § 7 AGG gilt auch für Stellenanzeigen.

 Die Stellenanzeige darf nicht diskriminierend sein im Hinblick auf:
- Rasse
- ethnische Herkunft
- Geschlecht
- Religion oder Weltanschauung
- Behinderung
- Alter
- sexuelle Identität

Somit müssen Stellenanzeigen z. B. grundsätzlich geschlechtsneutral, also als »Erzieher/Erzieherin« oder »Reinigungskraft (m/w)« formuliert sein.

Auch sonstige (versteckte oder gar ungewollte) Diskriminierungen im Sinne der oben aufgezählten Benachteiligungsmerkmale sind grundsätzlich unbedingt zu vermeiden! So könnte z. B. der berühmte und bereits erwähnte Hinweis auf das »junge dynamische Team«, das Verstärkung sucht, als Diskriminierung von älteren Bewerber/innen verstanden werden, selbst wenn dies gar nicht beabsichtigt war. Also aufpassen bei der Formulierung!

Das AGG lässt im Einzelfall zwar eine unterschiedliche Behandlung wegen beruflicher Anforderungen zu – dies jedoch nur, wenn dieser Grund eine wesentliche und entscheidende berufliche Anforderung darstellt, die sich aus der auszuübenden Tätigkeit selbst oder den

Bedingungen des Arbeitsumfeldes heraus ergibt. Zugleich muss der Zweck rechtmäßig und die Anforderung angemessen sein (§8 Abs. 1 AGG). So darf z. B. ein Mädcheninternat explizit eine Arbeitnehmerin für den Nachtdienst suchen, da hier die besonderen Umstände eine Ausnahme rechtfertigen. Eine solche Ausnahme vom Benachteiligungsverbot liegt jedoch eher selten vor.

 **Sprachkenntnisse als Ausnahme vom Benachteilungsverbot** Sie dürfen z. B. verlangen, dass eine Bewerberin eine bestimmte (Fremd-)Sprache beherrscht, wenn sie diese z. B. in einer bilingualen Kita oder in einer Kita mit vielen Kindern mit einem entsprechenden Sprachhintergrund einsetzen wollen. Es darf aber nicht zugleich die Zugehörigkeit zu einer bestimmten ethnischen Herkunft verlangt werden.

Weitere Ausnahmen werden von §9 AGG für eine unterschiedliche Behandlung wegen der Religion oder Weltanschauung und durch §10 AGG für eine unterschiedliche Behandlung wegen des Alters bei bestimmten Voraussetzungen zugelassen. Ersteres kann häufig bei kirchlichen Trägern der Fall sein, während eine unterschiedliche Behandlung wegen des Alters z. B. bei Pilot/innen zulässig sein kann.

In einer Stellenanzeige oder bei einer entsprechenden Nachfrage eines potenziellen Bewerbers sollten auch besser kein Lichtbild und keine »üblichen« Bewerbungsunterlagen (weil hierunter oftmals noch eine Bewerbung mit Lichtbild verstanden wird) erbeten werden. Denn aus einem Lichtbild könnten Merkmale erkannt werden, die wiederum eine Diskriminierung vermuten lassen könnten (Herkunft, Alter, Behinderung).

Darüber hinaus sollte nicht vergessen werden, das gesamte Bewerbungsverfahren zeitlich zu begrenzen, da ansonsten immer wieder neue Bewerbungen geprüft werden müssen. Daher eine Bewerbungsfrist setzen!

 **Checkliste Stellenanzeige**

Diese Checkliste soll Ihnen helfen, beim Verfassen einer Stellenzeige nicht in rechtliche Fettnäpfchen zu treten:
- grundsätzlich geschlechtsneutral (»Erzieher/Erzieherin«, »m/w«) formulieren – hohe Anforderungen bei Ausnahmen!
- keine anderweitigen (versteckten) Diskriminierungen verwenden
- Besetzungszeitpunkt (»zum 01.08….«, »ab sofort«) nicht vergessen!
- präzise die erforderliche Qualifikation angeben
- kein Lichtbild/keine »üblichen Bewerbungsunterlagen« erbitten
- Bewerbungsfrist nicht vergessen!

Das folgende Beispiel zeigt, wie man es besser *nicht* machen sollte, möchte man (gerichtliche) Streitigkeiten vermeiden:

Zur Verstärkung unseres jungen, dynamischen Teams in unserem Kindergarten in Berlin-Mitte suchen wir ab sofort:

**Eine Erzieherin**

Ihr Profil:
Sie sind eine staatlich anerkannte deutsche Erzieherin zwischen 30 und 40 Jahren und haben langjährige Erfahrung in der Arbeit mit Kindern unter 6 Jahren. Sie sind engagiert, mobil, flexibel, verfügen über eine gute Allgemeinbildung und ein ansprechendes/gepflegtes Äußeres. Sie sind außerdem Nichtraucherin, vorzugsweise verheiratet, belastbar und bewahren auch in turbulenten Situationen einen kühlen Kopf. Sie sind gewissenhaft, zuverlässig und zeichnen sich durch eine strukturierte und kreative Arbeitsweise aus.

Bitte senden Sie uns Ihre vollständigen und aussagekräftigen Bewerbungsunterlagen mit Lichtbild/Foto, gern auch per E-Mail an:

Kindergarten **XYZ**.

Wir freuen uns, Sie kennenzulernen.

Problematisch können wegen ihrer hineinzulesenden Diskriminierung die folgenden Textteile sein:
- »jungen [Teams]« (Alter)
- »Eine Erzieherin« (Geschlecht)
- »deutsche Erzieherin« (Ethnie)
- »zwischen 30 und 40 Jahren« (Alter)
- »langjährige (Erfahrung)« (Alter)
- »ansprechendes/gepflegtes Äußeres« (Alter)
- »Nichtraucherin« (Geschlecht)
- »verheiratet« (sexuelle Identität)
- »belastbar« (Alter, Geschlecht)
- »aussagekräftigen Bewerbungsunterlagen« (Ethnie, Alter, Behinderung)
- »Lichtbild/Foto« (Ethnie, Alter, Behinderung)

Genau genommen könnte es auch diskriminierend sein, eine bestimmte, z. B. zweijährige, Berufserfahrung zu fordern. Allerdings ist eine solche Forderung nach dem bereits benannten § 10 AGG zumeist gerechtfertigt, wenn es dafür sachliche Gründe in Bezug auf die zu besetzende Stelle gibt. Der Begriff »langjährig« sollte dagegen selbst in einem solchen Fall vermieden werden, da er zu unbestimmt ist.

Stattdessen könnte eine Stellenanzeige wie folgt aussehen:

Die Kita Oberschlau in Berlin-Mitte sucht zum nächstmöglichen Zeitpunkt für ihren U3-Bereich

**eine/n Erzieher/in**

Anforderungen
Das Aufgabengebiet umfasst eigenverantwortliches Führen einer Kindergruppe, Umsetzung der Konzeption, Einbindung der Eltern in die pädagogische Arbeit, Beteiligung am Evaluationsverfahren, …

Ihr Profil
Vorausgesetzt wird ein Abschluss als staatlich anerkannte/r Erzieher/in, staatlich anerkannte/r Sozialpädagoge/Sozialpädagogin oder ein Bachelor in Elementar- und Hortpädagogik bzw. ein vergleichbarer Abschluss.

Die Stelle eignet sich auch für eine Teilzeittätigkeit.
Bewerbungsende: 31. August 20xx

Bewerbungen sind bitte schriftlich zu richten an Kita Oberschlau …

# Vorstellungsgespräch

## Einladung

Nachdem Bewerbungen eingegangen sind und gesichtet wurden, gilt es, einige der Bewerberinnen genauer kennenzulernen. Aber Achtung – Kostenfalle! Sie müssen sich darüber im Klaren sein, dass bereits eine Aufforderung an die Bewerberin, sich persönlich vorzustellen, die Verpflichtung auslöst, ihre damit verbundenen Auslagen zu übernehmen. Dies gilt unabhängig davon, ob (später) ein Arbeitsverhältnis zustande kommt oder nicht. Denn es gilt grundsätzlich § 670 BGB (Bürgerliches Gesetzbuch):

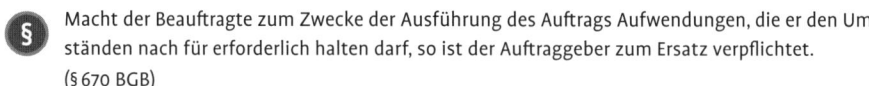 Macht der Beauftragte zum Zwecke der Ausführung des Auftrags Aufwendungen, die er den Umständen nach für erforderlich halten darf, so ist der Auftraggeber zum Ersatz verpflichtet.
(§ 670 BGB)

Zu den zu ersetzenden Aufwendungen gehören die Fahrtkosten und bei entsprechend weiter Anreise im Einzelfall sogar die Kosten einer Übernachtung.

Deshalb: Will der Arbeitgeber nicht zur Übernahme von Auslagen verpflichtet sein, so muss er eine Nichtübernahme spätestens in der Einladung zum Vorstellungsgespräch deutlich machen.

Natürlich steht es dem Arbeitgeber auch frei, nur für bestimmte Aufwendungen (z. B. »Bahnfahrt 2. Klasse von … bis … und zurück«) oder generell nur bis zu einem bestimmten Betrag aufzukommen. Aber auch hierauf hat der Arbeitgeber ausdrücklich vor oder mit der Einladung hinzuweisen.

## Eigentliches Gespräch

Jeder Arbeitgeber steht beim Bewerbungsgespräch vor der Problematik, dass ihm der Bewerber weitestgehend unbekannt ist. Selbstverständlich wird ein Bewerber darauf achten, seine positiven Eigenschaften herauszustellen. Negatives wird er dagegen versuchen, nicht zu erwähnen. Dies ist innerhalb gewisser Grenzen auch zulässig, da eine generelle Offenbarungspflicht einen Arbeitnehmer nicht trifft. Allein negative Umstände, die ihn dauerhaft daran hindern, seine Pflichten aus dem Arbeitsvertrag zu erfüllen, hat ein Arbeitnehmer auch ungefragt zu offenbaren, so etwa der bevorstehende Antritt einer Haftstrafe.

Das hat zur Konsequenz, dass ein Arbeitgeber, wenn er etwas über seinen Bewerber wissen will, gezielt fragen muss. Der Arbeitgeber hat dabei ein Recht darauf, dass der Arbeitnehmer seine Fragen wahrheitsgemäß beantwortet. Dies gilt jedoch nur insoweit, als die gestellten Fragen auch zulässig sind. Denn auf der anderen Seite hat jeder Arbeitnehmer auch ein Recht auf Privatsphäre. Auf eine unzulässige Frage darf er wahlweise gar nicht oder sogar unwahr antworten (»Recht zur Lüge«). In diesem Fall darf der Arbeitgeber auf die unwahre Auskunft hin z. B. später nicht den Arbeitsvertrag anfechten.

 **Erlaubte Lüge** Eine Lüge des Arbeitnehmers beim Vorstellungsgespräch bleibt bei einer unzulässigen Frage »ungestraft«.

Anders verhält es sich dagegen bei einer Lüge des Arbeitnehmers auf eine zulässige Frage. Kommt ein Arbeitsverhältnis zustande, so kann dieses ab Bekanntwerden der Lüge innerhalb eines Jahres durch den Arbeitgeber wegen arglistiger Täuschung angefochten werden. Eine solche Anfechtung wirkt sich für den Arbeitnehmer faktisch wie eine fristlose Kündigung aus, sollte aus Sicht des Arbeitgebers allerdings auf keinen Fall damit verwechselt werden. Denn der Anfechtung und der fristlosen Kündigung liegen unterschiedliche rechtliche Voraussetzungen zugrunde.

## Zulässige Fragen
Welche Fragen im Vorstellungsgespräch zulässig sind, bestimmt sich danach, ob ein Arbeitgeber ein berechtigtes, billigenswertes und schutzwürdiges Interesse an deren Beantwortung hat. Ob ein solches Interesse seitens des Arbeitgebers vorliegt, hängt wiederum davon ab, ob die betrieblichen Interessen des Arbeitgebers an der Beantwortung einer Frage nachweislich im Vordergrund stehen und die Persönlichkeitsrechte des Bewerbers nicht unbillig einschränken. Dies ist aber immer anhand des konkreten Einzelfalles mit Blick auf den zu besetzenden Arbeitsplatz zu prüfen.

Gänzlich unbedenklich sind daher bei jeder zu besetzenden Stelle Fragen zur Ausbildung und zum beruflichen Werdegang.

Auch eine Frage zu einer eventuellen Vorbeschäftigung bei demselben Arbeitgeber ist nicht nur unproblematisch, sondern sogar geboten, wenn eine sachgrundlose Befristung des Arbeitsverhältnisses geplant ist! Denn eine Befristung des Arbeitsverhältnisses ohne Sachgrund bei demselben Arbeitgeber ist nicht ohne Weiteres zulässig (§ 14 Abs. 2 TzBfG). Sachgründe sind z. B. Schwangerschaftsvertretung, Arbeitsverhältnis zur Probe oder Krankheitsvertretung. Bei einer mehrfachen Befristung, die nicht zulässig ist, entsteht in der Folge ein unbefristetes Arbeitsverhältnis. Dies will ein Arbeitgeber, der nur befristet einstellen will, natürlich vermeiden und wird sich daher bereits im Bewerbungsgespräch danach erkundigen, ob eine Vorbeschäftigung vorliegt.

Nicht zulässig dagegen ist die Frage nach einer Schwangerschaft oder auch, ob eine Schwangerschaft geplant ist. Hoch umstritten und ungeklärt ist, ob bei zeitlich sehr kurzen, befristeten Beschäftigungen ausnahmsweise eine solche Frage doch zulässig sein soll, wenn das Beschäftigungsverbot nach dem Mutterschutzgesetz den ganzen Zeitraum der Beschäftigung erfassen würde. Dennoch sollte auf eine solche Nachfrage selbst bei zeitlich sehr kurz befristeten Beschäftigungsverhältnissen zur Sicherheit verzichtet werden. Da eine Frage nach einer Schwangerschaft also in jedem Fall unzulässig ist, darf die Bewerberin hier gegebenenfalls lügen. Dies bedeutet zugleich, dass sie auch nicht von sich aus eine eventuell bereits bestehende Schwangerschaft offenbaren muss.

Unzulässig ist auch die Frage nach dem allgemeinen Gesundheitszustand, zulässig dagegen die Frage nach Krankheiten, die einem Einsatz in der Kita dauerhaft entgegenstehen. Hierzu dürfte die Frage nach einer AIDS-Erkrankung (Achtung: nicht bereits HIV-Infektion) gehören, da mit einer Arbeitsunfähigkeit zu rechnen ist. Ebenfalls zulässig sind die Fragen nach ansteckenden Krankheiten (§ 34 Infektionsschutzgesetz), die die Kolleginnen oder die Kinder gefährden könnten, sowie nach einer Alkohol- oder Drogensucht, zumindest wenn es sich um eine zu besetzende Stelle im Bereich der Kinderbetreuung handelt. Auch dürfen Sie danach fragen, ob der Beginn des Arbeitsverhältnisses durch schon bewilligte Kuraufenthalte, geplante Operationen oder eine zurzeit bestehende Erkrankung gefährdet ist.

Wie oben erläutert gehört eine HIV-Infektion nicht zu den Krankheiten, die eine Tätigkeit in der Kita verhindern. Die Frage danach ist daher unzulässig. Eine Ausnahme dürfte hier jedoch das Küchenpersonal sein.

Fragen nach einer Behinderung oder Schwerbehinderung im Vorstellungsgespräch sollten Sie unterlassen, da hieraus die Vermutung einer Diskriminierung nach dem AGG abgeleitet werden könnte.

Grundsätzlich nicht zulässig sind Fragen nach den Vermögensverhältnissen eines Bewerbers oder ob es Lohnpfändungen gibt, da dies das Persönlichkeitsrecht des Bewerbers verletzt. Eine Ausnahme liegt allerdings in Einzelfällen vor, wenn die zu besetzende Position eine besondere Vertrauensstellung im Bereich der Vermögensverwaltung darstellt, was im Kita-Bereich jedoch allgemein eher nicht der Fall sein wird.

Ebenfalls in der Regel nicht zulässig ist die Frage nach der Religionszugehörigkeit, da diese an sich keine Auswirkungen auf das konkrete Arbeitsverhältnis hat. Eine Ausnahme kann unter Umständen in Tendenzbetrieben (dies sind nach der gesetzlichen Definition Unternehmen und Betriebe, die unmittelbar und überwiegend politischen, konfessionellen oder karitativen Bestimmungen dienen) vorliegen, so z. B. in kirchlichen Kindergärten.

Im Einzelfall im Vorstellungsgespräch zulässig ist die Frage nach einschlägigen Vorstrafen, wenn die Art des zu besetzenden Arbeitsplatzes dies erfordert. Dies verlangt, soweit dies Ihre Einrichtung unter öffentlicher oder freier Trägerschaft betrifft, im Kita-Bereich von Ihnen schon § 72 a SGB VIII, der Ihnen die Überprüfung der persönlichen Eignung eines Bewerbers vorschreibt. Denn nach dieser Vorschrift sollen keine Personen im Bereich der Kinder- und Jugendhilfe beschäftigt werden, die rechtskräftig wegen Verletzung der Fürsorge- oder Erziehungspflicht, wegen Straftaten gegen die sexuelle Selbstbestimmung, wegen Misshandlung von Schutzbefohlenen, wegen Menschenraubes, wegen Entziehung Minderjähriger oder wegen Kinderhandels verurteilt worden sind.

 Um im Sinne des § 72a SGB VIII die persönliche Eignung der Bewerberin zu überprüfen, verlangen Sie am besten ein (gegebenenfalls Europäisches oder erweitertes) Führungszeugnis, das die Bewerberin bei der zuständigen Meldebehörde beantragen muss.

Auch die Frage nach der Staatsangehörigkeit an sich sollte besser nicht gestellt werden, um sich nicht etwaigen Diskriminierungsvorwürfen auszusetzen. Natürlich kann auch für Sie ein berechtigtes Interesse daran bestehen, in Erfahrung zu bringen, ob die betreffende Bewerberin überhaupt eine Arbeits- und Aufenthaltserlaubnis hat bzw. erhalten kann. Vor diesem Hintergrund sollten Sie – wenn überhaupt – zunächst danach fragen, ob sie Staatsangehörige eines Mitgliedsstaates der EU ist.

 **Heikle bis unzulässige Fragen** Folgende Themen sparen Sie in einem Vorstellungsgespräch besser aus (ob Sie im Einzelfall entgegen der Regel doch Fragen zu bestimmten Sachverhalten stellen dürfen, haben wir bereits skizziert):
- Schwangerschaft/Familienplanung
- allgemeine Fragen zum Gesundheitszustand
- HIV-Infektion
- Schwerbehinderung/Behinderung

o Alter/Geburtsdatum
o sexuelle Identität
o Wehr- oder Ersatzdienst
o Religion und Weltanschauung
o Gewerkschaftszugehörigkeit
o Staatsangehörigkeit
o Rasse/ethnische Herkunft
o Vermögensverhältnisse
o Vorstrafen allgemein

## Protokoll des Vorstellungsgesprächs

Das Vorstellungsgespräch sollte am besten mittels eines standardisierten Verfahrens protokolliert werden. Zum einen können so auch nach einem längeren Zeitraum noch Bewerber miteinander verglichen werden. Zum anderen kann es hilfreich sein, im Fall von behaupteten Diskriminierungen einen etwaigen Anschein zu erschüttern bzw. zu widerlegen oder bei anderen Streitigkeiten hinsichtlich unzulässiger Fragen oder falscher Angaben die eigene Beweislage zu verbessern.

Das Protokoll sollte daher folgende Inhalte wiedergeben:
o Bewerbername
o Datum und Uhrzeit des Gesprächs
o Teilnehmer
o präzise Bezeichnung der zu besetzenden Stelle
o Anforderungsprofil
o Qualifikationen des Bewerbers
o stichwortartige Zusammenfassung der Fragen und Antworten

Im Anhang finden Sie ein Muster für ein Protokoll, das Sie bei Bedarf verwenden können. Zusätzlich bieten sich auch standardisierte Personalfragebögen an, die durch die Arbeitnehmerin vor oder anlässlich des Gesprächs selbst ausgefüllt werden.

 **»Ossis« sind keine Ethnie** Das entschied das Arbeitsgericht Stuttgart im April 2010 (17 Ca 8907/09). Daher konnte die Bewerberin, die ihre Bewerbungsunterlagen mit einem handschriftlichen Vermerk »(–) Ossi« versehentlich zurückgesendet bekam, keine Entschädigung nach dem AGG verlangen.

## Absage

Sicherlich ist es oftmals unangenehm, hoffnungsvollen Bewerber/innen absagen zu müssen. Auch wenn es im Einzelfall schwerfällt: Die Absage sollte so knapp wie möglich gehalten werden und sich auf die Absage selbst bzw. auf die Erfolglosigkeit der Bewerbung beschränken.

Gründe für die Absage oder Bemerkungen zum Bewerber oder zu den Mitbewerber/innen sollten nicht angegeben werden, denn auch hierdurch könnte der Anschein einer eventuellen unzulässigen Benachteiligung entstehen. Dies gilt ebenso bei möglichen Nachfragen seitens des Bewerbers. Keinesfalls sollten ihm, auch nicht im mündlichen Gespräch (z. B. am Telefon), Gründe genannt werden.

Um jeglichen Anschein von Diskriminierung zu vermeiden, sollten Sie gegenüber schwerbehinderten Bewerber/innen in einer Absage kurz angeben, dass Sie sich im Bewerbungsgespräch für andere fachlich besser qualifizierte Berwerber entschieden haben.

Aber vor allem gilt: Natürlich darf auch die Auswahl eines bestimmten Bewerbers bzw. die Nichtberücksichtigung anderer Bewerber/innen nicht aufgrund eines Verstoßes gegen die Diskriminierungsverbote des AGG erfolgen. Sofern nicht eine der eng begrenzten Ausnahmen der §§ 8, 9 oder 10 AGG vorliegen, darf ein Bewerber nicht aufgrund von Rasse, ethnischer Herkunft, Geschlecht, Religion oder Weltanschauung, Behinderung, Alter oder sexueller Identität unberücksichtigt bleiben.

 **Dokumentation der Absage** Der Zeitpunkt der jeweiligen Absage(n) sollte durch den Arbeitgeber am besten dokumentiert werden.

Denn die Geltendmachung von Ansprüchen nach dem AGG wegen einer vermeintlichen Diskriminierung sind zeitlich nicht unbegrenzt möglich, sondern an feste Fristen gebunden. § 15 Abs. 4 AGG regelt:

 Ein Anspruch nach Absatz 1 oder 2 muss innerhalb einer Frist von zwei Monaten schriftlich geltend gemacht werden, es sei denn, die Tarifvertragsparteien haben etwas anderes vereinbart. [...]

Die Frist beginnt im Falle einer Bewerbung oder eines beruflichen Aufstiegs mit dem Zugang der Ablehnung und in den sonstigen Fällen einer Benachteiligung zu dem Zeitpunkt, in dem der oder die Beschäftigte von der Benachteiligung Kenntnis erlangt. (§ 15 Abs. 4 AGG)

Wenn Sie also den Zeitpunkt der Absage dokumentiert haben, können Sie später auch den Beginn der genannten Fristen beweisen. Dennoch kann es natürlich immer noch zu Streitigkeiten kommen.

 Bewerbungsunterlagen sollten für mindestens drei Monate nach Versand der Absage wenigstens in Kopie aufgehoben werden.

## Zusage

Gibt es einen Betriebsrat und in der Regel mehr als 20 wahlberechtigte Arbeitnehmer/innen im Unternehmen, ist vor einer beabsichtigten Einstellung auch der Betriebsrat zu beteiligen. Denn § 99 BetrVG besagt unter anderem:

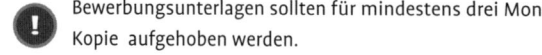 In Unternehmen mit in der Regel mehr als zwanzig wahlberechtigten Arbeitnehmern hat der Arbeitgeber den Betriebsrat vor jeder Einstellung, Eingruppierung, Umgruppierung und Versetzung zu unterrichten, ihm die erforderlichen Bewerbungsunterlagen vorzulegen und Auskunft über die Person der Beteiligten zu geben; er hat dem Betriebsrat unter Vorlage der erforderlichen Unterlagen

Auskunft über die Auswirkungen der geplanten Maßnahme zu geben und die Zustimmung des Betriebsrats zu der geplanten Maßnahme einzuholen.

[...]

Bei Einstellungen und Versetzungen hat der Arbeitgeber insbesondere den in Aussicht genommenen Arbeitsplatz und die vorgesehene Eingruppierung mitzuteilen.

(§ 99 BetrVG)

Dauert das Zustimmungsverfahren aufgrund besonderer Umstände im Betrieb (z. B. akuter Personalnotstand) zu lange, so kann ein Arbeitgeber unter bestimmten (strengen) Voraussetzungen eine Einstellung als vorläufige personelle Maßnahme durchführen, ohne die Stellungnahme des Betriebsrates abgewartet zu haben. Vorläufig ist diese Maßnahme insoweit, als dass der Betriebsrat die Erforderlichkeit dieser Eilentscheidung bestreiten kann und sodann ein Arbeitsgericht hierüber entscheidet. Einzelheiten regelt hier § 100 BetrVG.

# Arbeitsvertrag

Mit dem Arbeitsvertrag verpflichtet sich der Arbeitnehmer in erster Linie zur Leistung von Arbeit, während sich der Arbeitgeber zur Zahlung des hierfür geschuldeten Lohnes verpflichtet.

Arbeitsverträge können grundsätzlich sogar allein durch schlüssiges Verhalten zustande kommen, d. h. wenn die Bewerberin aus Ihrem Verhalten und den Umständen das Bestehen eines Arbeitsverhältnisses annehmen durfte!

 Ein Arbeitsvertrag kann auch mündlich geschlossen werden! Ein Schriftformerfordernis besteht grundsätzlich nicht.

Ein Beispiel zum befristeten Arbeitsverhältnis: Zum Ende der vereinbarten Frist sollte das Arbeitsverhältnis enden, dennoch wird stillschweigend *ohne Widerspruch des Arbeitgebers* weitergearbeitet. Dann liegt ein unbefristetes Arbeitsverhältnis vor. Gleiches gilt auch für eine Praktikantin, die eigentlich nur drei Wochen »umsonst« tätig sein soll, danach aber in der Einrichtung weiterarbeitet.

Unabhängig von diesem Beispiel zum Ende der Befristung gilt: Wollen Sie das Arbeitsverhältnis befristen, so dürfen Sie dies nicht formlos tun. Denn eine Befristungsabrede muss, um wirksam zu sein, zwingend schriftlich erfolgen. § 14 Abs. 4 TzBfG ist hier eindeutig:

 Die Befristung eines Arbeitsvertrages bedarf zu ihrer Wirksamkeit der Schriftform.
(§ 14 Abs. 4 TzBfG)

Das bedeutet: Schließen Arbeitgeber und Arbeitnehmer allein mündlich einen Arbeitsvertrag und vereinbaren sie hierbei allein mündlich auch eine Befristung, so ist diese (aber auch nur diese!) Befristungsabrede unwirksam. Der ansonsten mündlich geschlossene Arbeitsvertrag hat weiter seine Gültigkeit. Das hat zur Folge, dass ein Arbeitgeber, der ursprünglich einen Arbeitnehmer befristet einstellen wollte, nun diesen Arbeitnehmer von Anfang an unbefristet beschäftigt und sich auf die Befristungsabrede nicht berufen kann.

 Zum Abschluss des Vorstellungsgesprächs sollten Sie – auch wenn Ihnen die Bewerberin noch so gut gefällt – keine Aussage machen, die wie ein Vertragsangebot ausgelegt werden könnte. Besser, Sie verabschieden sich mit: »Vielen Dank für das Gespräch!«

Rechtlich zulässig ist es, die vertraglichen Einzelheiten zunächst mündlich zu vereinbaren (bis auf die Befristungsabrede; siehe oben) und dem Arbeitnehmer zu einem späteren Zeitpunkt einen schriftlichen Nachweis hierüber zu erteilen. Da aber ein Arbeitgeber sowieso gesetzlich gehalten ist, spätestens einen Monat nach dem vereinbarten Beginn des Arbeitsverhältnisses die wesentlichen Vertragsbedingungen schriftlich niederzulegen, die Niederschrift zu unterzeichnen und dem Arbeitnehmer auszuhändigen (§ 2 Nachweisgesetz), bietet es sich an, den Arbeitsvertrag schon für den Vertragsschluss schriftlich fertig gestellt zu haben.

 **Geltungsbereich des Nachweisgesetzes** Das Nachweisgesetz gilt als Schutz für alle Arbeitnehmer/innen, es sei denn, sie werden nur zur vorübergehenden Aushilfe von höchstens einem Monat eingestellt.

---

 ### Checkliste Arbeitsvertrag

Diese Punkte sollten auf jeden Fall schriftlich im Arbeitsvertrag festgehalten werden:

○ Name und die Anschrift der Vertragsparteien
○ Zeitpunkt des Beginns des Arbeitsverhältnisses
○ bei befristeten Arbeitsverhältnissen: die vorhersehbare Dauer des Arbeitsverhältnisses
○ Arbeitsort oder, falls der Arbeitnehmer nicht nur an einem bestimmten Arbeitsort tätig sein soll, ein Hinweis darauf, dass der Arbeitnehmer an verschiedenen Orten beschäftigt werden kann
○ eine kurze Charakterisierung oder Beschreibung der von dem Arbeitnehmer zu leistenden Tätigkeit
○ die Zusammensetzung und die Höhe des Arbeitsentgelts einschließlich der Zuschläge, der Zulagen, Prämien und Sonderzahlungen sowie anderer Bestandteile des Arbeitsentgelts und deren Fälligkeit
○ die vereinbarte Arbeitszeit
○ die Dauer des jährlichen Erholungsurlaubs
○ die Fristen für die Kündigung des Arbeitsverhältnisses
○ ein in allgemeiner Form gehaltener Hinweis auf die Tarifverträge, Betriebs- oder Dienstvereinbarungen, die auf das Arbeitsverhältnis anzuwenden sind oder angewendet werden sollen

Auch in eine später auszuhändigende Niederschrift sind nach dem Nachweisgesetz die angeführten Punkte aufzunehmen.

---

Besteht kein Tarifvertrag, sind die Parteien in der Gestaltung des Arbeitsvertrags relativ frei. Grenzen bilden natürlich die vorrangigen gesetzlichen (Schutz-)Regelungen, z. B. die Regelungen zur Sittenwidrigkeit, die zwingenden Vorschriften zum Arbeitszeit- und Entgeltfortzahlungsgesetz sowie die Regelungen zu den Allgemeinen Geschäftsbedingungen (§§ 305 ff.

BGB), z. B. die Unzulässigkeit überraschender oder unangemessen benachteiligender Klauseln. Die relevantesten Fälle werden unten angesprochen.

Findet ein Tarifvertrag auf das Arbeitsverhältnis dagegen zwingend Anwendung, sind dessen Regelungen zur Ausgestaltung des Arbeitsverhältnisses auf jeden Fall zu beachten, denn diese gelten dann unmittelbar und zwingend zwischen dem tarifgebundenen Arbeitgeber und dem tarifgebundenen Arbeitnehmer. Ein Tarifvertrag findet Anwendung, wenn eine Tarifbindung der Arbeitsvertragsparteien vorliegt: Dies ist der Fall, wenn der Arbeitgeber selbst Partei des Tarifvertrags (Haustarifvertrag) ist. Oder der Arbeitgeber wie auch der Arbeitnehmer sind ihrerseits Mitglieder der Tarifvertragsparteien – der Arbeitgeber ist also Mitglied in einem Arbeitgeberverband und der Arbeitnehmer Mitglied der den Tarifvertrag abschließenden Gewerkschaft. Eine weitere Möglichkeit ist, dass der Tarifvertrag für allgemeinverbindlich erklärt wurde, siehe unten. § 4 TVG (Tarifverfassungsgesetz) regelt:

Die Rechtsnormen des Tarifvertrages, die den Inhalt, den Abschluss oder die Beendigung von Arbeitsverhältnissen ordnen, gelten unmittelbar und zwingend zwischen den beiderseits Tarifgebundenen, die unter den Geltungsbereich des Tarifvertrages fallen.

[...]

Abweichende Abmachungen sind nur zulässig, soweit sie durch den Tarifvertrag gestattet sind oder eine Änderung der Regelungen zugunsten des Arbeitnehmers enthalten.
(§ 4 Abs. 1 und 3 TVG)

§ 4 Abs. 3 TVG regelt dabei das sogenannte Günstigkeitsprinzip, das eine Abänderung der tarifvertraglichen Normen im Arbeitsvertrag zugunsten des Arbeitnehmers zulässt.

Eine Tarifbindung besteht jedoch auch dann, wenn der Tarifvertrag durch das Bundesministerium für Arbeit für allgemeinverbindlich erklärt worden ist. Denn dann gilt der Tarifvertrag auch für Arbeitsverträge zwischen an sich nicht tarifgebundenen Arbeitsvertragsparteien.
Ist ein Tarifvertrag für allgemeinverbindlich erklärt worden, so finden dessen Regelungen auf alle Arbeitsverhältnisse im Geltungsbereich Anwendung, unabhängig davon, ob die Parteien des jeweiligen Arbeitsvertrags tarifgebunden sind oder nicht (§ 5 TVG).

## Ausgewählte Fragen zur Vertragsgestaltung

Im vorherigen Abschnitt wurde bereits erläutert, welche Punkte in einem Arbeitsvertrag bzw. einer Niederschrift auf keinen Fall fehlen dürfen. In der Regel ist ein Arbeitsvertrag jedoch umfangreicher.

**Typische arbeitsvertragliche Regelungen**
o die Parteien des Arbeitsvertrags
o der Beginn des Arbeitsverhältnisses
o die Vereinbarung einer Vertragsstrafe bei Nichtantritt
o Tätigkeitsbeschreibung, Versetzungsklausel
o Arbeitsort

- Vereinbarung einer Probezeit
- befristet oder auf unbestimmte Zeit geschlossen
- Vergütung, Fälligkeit der Vergütung
- regelmäßige wöchentliche Arbeitszeit in Stunden
- Regelungen zu Überstunden
- Höhe des Urlaubsanspruchs
- Verschwiegenheitspflichten
- Umgang mit Arbeitsmitteln
- Kündigung, Kündigungsfristen
- Freistellungsregelungen
- Ausschlussfristen
- Ausschluss betrieblicher Übung
- Schlussbestimmungen (salvatorische Klauseln)

## Vertragsparteien

Bei der Benennung der Vertragsparteien im Arbeitsvertrag sollten Sie sehr sorgfältig sein. Gerade Sie als Arbeitgeber müssen darauf achten, wer tatsächlich als Arbeitgeber im Vertrag benannt wird. Sind Sie es in Person, oder ist es womöglich der als eingetragener Verein (e. V.) organisierte Träger?

Im letzteren Fall sind die Vertretungsverhältnisse zu beachten. Bei einem Verein lohnt hier ein Blick in die Satzung; nicht ungewöhnlich ist es nämlich, dass Vorstandsmitglieder nur gemeinschaftlich vertretungsberechtigt sind und daher auch alle den Vertrag unterzeichnen müssen.

## Beginn des Arbeitsverhältnisses

Mit dem Beginn des Arbeitsverhältnisses wird der Tag festgelegt, von dem an der Arbeitnehmer seine Arbeitsleistung und der Arbeitgeber die Zahlung von Lohn schuldet.

## Vertragsstrafe

Der Unterzeichnung eines neuen Arbeitsvertrags seitens des Arbeitgebers geht zumeist eine umfangreiche Suche nach einem geeigneten Arbeitnehmer voraus. Hat sich der Arbeitgeber schlussendlich entschieden, so ist ihm natürlich auch an einer gewissen Planungssicherheit gelegen. Daher wird oftmals im Arbeitsvertrag eine Vertragsstrafe für den Nichtantritt der Stelle am Tag der vereinbarten Arbeitsaufnahme oder für eine spätere vertragswidrige Beendigung vereinbart.

Hinsichtlich der Höhe der Vertragsstrafe jedoch ist der Arbeitgeber zumindest bei Formulararbeitsverträgen, d. h. von ihm vorformulierten Arbeitsverträgen, nicht frei. Denn eine solche Vertragsstrafe darf einen Arbeitnehmer nicht unangemessen benachteiligen. Die Rechtsprechung bewertet daher die Höhe einer Vertragsstrafe im Hinblick auf die für den jeweiligen Arbeitnehmer maßgebliche Kündigungsfrist: Der Arbeitgeber soll in einem solchen Fall durch die zu zahlende Vertragsstrafe des nicht erscheinenden Arbeitnehmers nicht besser gestellt werden, als wenn dieser sogleich nach Arbeitsantritt einfach die ordnungsgemäße Kündigung ausgesprochen hätte.

Die Rechtsprechung erachtet in Formulararbeitsverträgen für den Fall des Nichtantritts oder der vertragswidrigen fristlosen Beendigung folgende Vertragsstrafen zumeist als angemessen:

- ein Bruttomonatsgehalt, wenn eine Probezeit nicht gesondert vereinbart ist
- ein halbes Bruttomonatsgehalt im Fall einer vereinbarten Probezeit, da in diesem Fall nur eine Kündigungsfrist von zwei Wochen gilt

## Tätigkeitsbeschreibung/Versetzungsklausel

Mit der Tätigkeitsbeschreibung und dem Aufgabengebiet wird die Leistungsverpflichtung des Arbeitnehmers konkretisiert. Je präziser der Arbeitgeber die Charakterisierung vornimmt, desto enger bindet er sich aber auch hinsichtlich seines Weisungsrechtes. Um gegebenenfalls auch andere, gleichwertige Arbeiten dem Arbeitnehmer zuweisen zu dürfen, wird oft eine sogenannte Versetzungsklausel in einen Vertrag aufgenommen. Denkbar ist eine solche Klausel auch hinsichtlich des Arbeitsortes:

 Der Arbeitgeber behält sich das Recht vor, den Arbeitnehmer im Bedarfsfall auch an einem anderen Arbeitsort entsprechend seiner Vorbildung und seinen Fähigkeiten für gleichwertige andere Tätigkeiten einzusetzen. Hierbei werden seine persönlichen Belange angemessen berücksichtigt.

## Probezeit

Die einschlägige Regelung zur Probezeit findet sich in § 622 Abs. 3 BGB:

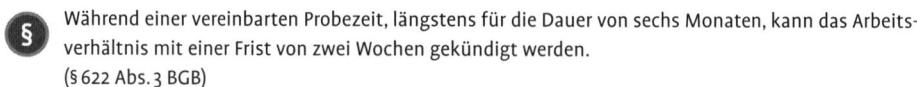 Während einer vereinbarten Probezeit, längstens für die Dauer von sechs Monaten, kann das Arbeitsverhältnis mit einer Frist von zwei Wochen gekündigt werden.
(§ 622 Abs. 3 BGB)

Das bedeutet zunächst: Eine Probezeit muss vereinbart werden, es gibt sie nicht automatisch! Ist eine Probezeit wirksam vereinbart, kann einem Arbeitnehmer mit einer Frist von (nur) zwei Wochen gekündigt werden. Der Arbeitnehmer hat ebenfalls dieses Recht.

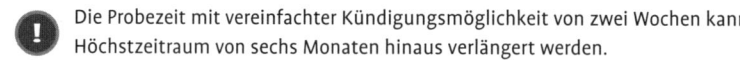 Die Probezeit mit vereinfachter Kündigungsmöglichkeit von zwei Wochen kann nicht über den Höchstzeitraum von sechs Monaten hinaus verlängert werden.

## Befristung

Soll das Arbeitsverhältnis wirksam befristet werden, ist das unbedingt schriftlich im Arbeitsvertrag vor der Tätigkeitsaufnahme zu fixieren. Ist eine Befristung nicht wirksam vereinbart, gilt das Arbeitsverhältnis automatisch als auf unbestimmte Zeit geschlossen (s. o.).

## Vergütung

Vergessen Sie nicht, deutlich zu machen, dass das vereinbarte Gehalt sich als Bruttogehalt versteht.

Mit der Fälligkeitsregelung wird geregelt, bis wann der Lohn spätestens gezahlt werden muss, z. B. »bis zum 15. des jeweiligen Folgemonats« oder »zum letzten Tag eines Monats«.

### Regelungen zu Überstunden/Freizeitausgleich

Ein Arbeitnehmer ist nicht ohne Weiteres zur Leistung von Überstunden verpflichtet. Dies muss grundsätzlich vorher arbeitsvertraglich vereinbart werden. Ohne gesonderte Abrede sind geleistete Überstunden grundsätzlich zu bezahlen. Einseitig, ohne Einverständnis des Arbeitnehmers, kann dieser Anspruch auch nicht in einen Freizeitausgleich umgewandelt werden; der Arbeitgeber hat also allein keine Ersetzungsbefugnis. Dass Überstunden durch Freizeitausgleich abgegolten werden, muss daher zwingend vorher im Arbeitsvertrag vereinbart werden.

### Kündigungsfristen

Soweit kein Tarifvertrag gilt, sind grundsätzlich die gesetzlichen Vorschriften des § 622 BGB anzuwenden (aufgrund einer Entscheidung des Europäischen Gerichtshofes allerdings ohne § 622 Abs. 2 Satz 2 BGB).

 **Volle Beschäftigungsdauer als Grundlage von Kündigungsfristen.** Für die Berechnung von gegenüber dem Arbeitnehmer einzuhaltenden Kündigungsfristen wird auf die Dauer des Arbeitsverhältnisses im Betrieb oder Unternehmen abgestellt. Die nun als europarechtswidrig erkannte Regelung des § 622 Abs. 2 Satz 2 BGB wollte Beschäftigungszeiten, die vor der Vollendung des 25. Lebensjahres des Arbeitnehmers liegen, nicht mitzählen lassen. Doch laut Rechtsprechung des Europäischen Gerichtshofes (EuGH) sei dies eine verbotene Diskriminierung wegen des Alters. Dieses Urteil führt also dazu, dass immer oder grundsätzlich aber bei jedem Arbeitnehmer die gesamte Beschäftigungsdauer in Ihrer Einrichtung voll bei der Berechnung der Kündigungsfristen zu beachten ist.

Will sich der Arbeitgeber im befristeten Arbeitsverhältnis neben der fristlosen Kündigung aus wichtigem Grund zusätzlich eine ordentliche Kündigung offenhalten, muss diese zwingend im Arbeitsvertrag vereinbart werden (§ 15 Abs. 3 TzBfG).

Außerdem kann im Arbeitsvertrag vereinbart werden, dass eine Verlängerung der Kündigungsfrist zugunsten des Arbeitnehmers infolge seiner gestiegenen Beschäftigungsdauer automatisch auch zu einer Verlängerung zugunsten des Arbeitgebers führt. Denn wenn das nicht vereinbart wird, hat ein Arbeitnehmer selbst nach jahrzehntelanger Betriebszugehörigkeit selbst nur eine gesetzlich vorgesehene Kündigungsfrist von vier Wochen zum 15. eines Monats oder zum Monatsende.

### Ausschlussklauseln

Ausschlussklauseln im Arbeitsvertrag sind hilfreich, wenn die Parteien möglichst schnell Klarheit darüber haben wollen, ob Ansprüche aus dem laufenden oder beendeten Arbeitsverhältnis geltend gemacht bzw. ob solche Ansprüche überhaupt noch durchgesetzt werden können. Zu denken ist hier z. B. an (Rest-)Lohnansprüche des Arbeitnehmers oder Schadensersatzansprüche des Arbeitgebers gegenüber seinem Arbeitnehmer.

Daher wird durch solche Klauseln im Arbeitsvertrag Folgendes geregelt: Wenn nicht innerhalb einer bestimmten Frist Ansprüche aus dem Arbeitsverhältnis von Arbeitnehmer oder Arbeitgeber (zumeist schriftlich) geltend gemacht werden, so sollen sie verfallen, d. h., es soll nach dem Willen der Parteien des Vertrags ein Verlust des Anspruchs eintreten.

Mit einer Ausschlussklausel im Arbeitsvertrag soll somit die sonst geltende reguläre dreijährige Verjährungsfrist (§ 195 BGB) verkürzt werden. Diese Klausel bezweckt also die Beschleunigung und schafft, auch wenn es auf den ersten Blick nicht so erscheint, einen gewissen Rechtsfrieden, denn beide Parteien wissen, dass bekannte Ansprüche nicht noch nach einem jahrelangen Zeitraum geltend gemacht werden können. Eine langfristige Belastung des Arbeitsverhältnisses durch eventuell bestehende Altansprüche soll dadurch vermieden werden.

Allerdings hat die Rechtsprechung einer allzu großen Beschleunigung mittels äußerst kurzer Fristen in Formulararbeitsverträgen Mindestzeiträume entgegengesetzt. Zulässig sind nach derzeit geltender Rechtsprechung lediglich Mindestfristen von drei Monaten. Ist die Frist kürzer, ist die Klausel im Arbeitsvertrag unwirksam. Die Klausel ist auch unwirksam, wenn Ansprüche wegen Verletzungen des Lebens, Körpers oder der Gesundheit oder aus vorsätzlichen Pflichtverletzungen nicht ausdrücklich von der Ausschlussfrist ausgenommen sind, also auch noch über einen längeren Zeitraum geltend gemacht werden können. Wichtig ist zudem die Klarstellung, dass die Ausschlussfrist erst dann beginnt, wenn der Anspruch entstanden ist und man davon Kenntnis erlangt hat oder hätte erkennen müssen.

Oft finden sich in Arbeitsverträgen auch sogenannte »zweistufige Ausschlussklauseln«, nach denen innerhalb einer Frist zunächst außergerichtlich und im Folgenden innerhalb einer weiteren Frist gerichtlich ein Anspruch geltend gemacht werden muss.

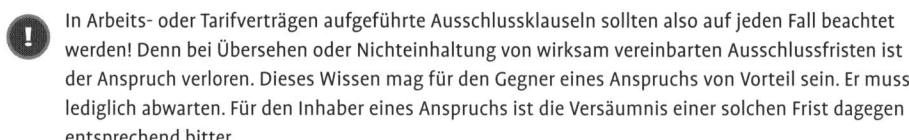

In Arbeits- oder Tarifverträgen aufgeführte Ausschlussklauseln sollten also auf jeden Fall beachtet werden! Denn bei Übersehen oder Nichteinhaltung von wirksam vereinbarten Ausschlussfristen ist der Anspruch verloren. Dieses Wissen mag für den Gegner eines Anspruchs von Vorteil sein. Er muss lediglich abwarten. Für den Inhaber eines Anspruchs ist die Versäumnis einer solchen Frist dagegen entsprechend bitter.

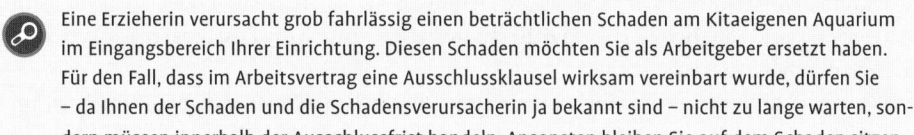

Eine Erzieherin verursacht grob fahrlässig einen beträchtlichen Schaden am Kitaeigenen Aquarium im Eingangsbereich Ihrer Einrichtung. Diesen Schaden möchten Sie als Arbeitgeber ersetzt haben. Für den Fall, dass im Arbeitsvertrag eine Ausschlussklausel wirksam vereinbart wurde, dürfen Sie – da Ihnen der Schaden und die Schadensverursacherin ja bekannt sind – nicht zu lange warten, sondern müssen innerhalb der Ausschlussfrist handeln. Ansonsten bleiben Sie auf dem Schaden sitzen.

## Regelungen außerhalb des Arbeitsvertrags

Mehrere nicht im eigentlichen Arbeitsvertrag enthaltene Regelungen oder auch Umstände können sich dennoch direkt auf das Arbeitsverhältnis auswirken.

## Betriebsvereinbarung und Co.

Eine Betriebsvereinbarung ist ein Vertrag zwischen dem Arbeitgeber und dem Betriebsrat. Sie kann immense Auswirkungen auf das Arbeitsverhältnis haben, da dessen Regelungen zwingend für alle Arbeitnehmer/innen des Betriebs gelten. § 77 Abs. 4 Satz 1 BetrVG regelt:

Betriebsvereinbarungen gelten unmittelbar und zwingend.
(§ 77 Abs. 4 Satz 1 BetrVG)

Gibt es keine Betriebsvereinbarung, muss diesbezüglich natürlich nichts beachtet werden.

Eine Betriebsvereinbarung kann zu allen Punkten geschlossen werden, zu denen dem Betriebsrat ein Mitbestimmungsrecht zusteht. Hierunter fallen z. B.:

- Fragen zur Ordnung des Betriebs und des Verhaltens der Arbeitnehmer/innen im Betrieb
- die Aufstellung allgemeiner Urlaubsgrundsätze oder -pläne,
- Grundsätze über das betriebliche Vorschlagswesen
- Art, Ort und Zeit der Auszahlung der Arbeitsentgelte

Darüber hinaus kann ein Arbeitgeber mittels ausdrücklicher Gesamtzusage, d. h. einer Zusage an alle Arbeitnehmer/innen, auf das Arbeitsverhältnis einwirken. Dies erfolgt, wenn sich der Arbeitgeber durch diese Gesamtzusage dahingehend verpflichten will, zusätzlich eine an sich arbeitsvertraglich nicht geschuldete Leistung zu erbringen.

»Liebes Team, es war ein anstrengender Winter, aber wir haben die neuen Eingewöhnungen und die krankheitsbedingten Ausfälle toll überstanden. Für Euren Einsatz möchten wir uns bei euch mit einer Gratifikation von 500 Euro bedanken.«

Mit einer solchen, grundsätzlich auch mündlich wirksamen, Gesamtzusage – wie im Beispiel hinsichtlich eines besonderen Arbeitsaufwands – bindet sich ein Arbeitgeber gegenüber seinen Arbeitnehmer/innen.

Nimmt ein Arbeitnehmer eine solche Gesamtzusage ausdrücklich oder auch nur stillschweigend (was möglich ist) an, so entsteht ihm ein rechtlich durchsetzbarer Anspruch auf die versprochene Zusatzleistung.

Für einen Arbeitgeber ist eine Gesamtzusage unter Umständen daher mit nicht zu unterschätzenden Risiken verbunden. Gerade wenn eine solche im Hinblick auf jährlich wiederkehrende Ereignisse (z. B. Weihnachten, Sommerfest, Schließzeiten) getätigt wird, kann bei entsprechender Formulierung auch eine (eventuell gar nicht gewollte) Selbstbindung für die Folgejahre eintreten. Daher sollten Sie eingehend prüfen, ob Sie sich tatsächlich auch für die Zukunft vertraglich selbst binden oder doch nur eine einmalige Leistung freiwillig erbringen wollen. Im letzteren Fall müsste dies in der Gesamtzusage zwingend ausdrücklich klargestellt werden.

»Liebes Team, es war ein anstrengender Winter, aber wir haben die neuen Eingewöhnungen und die krankheitsbedingten Ausfälle toll überstanden. Für Euren Einsatz möchten wir uns mit einer einmaligen Gratifikation von 500 Euro bedanken.
Wir weisen darauf hin, dass hiermit kein Anspruch auf entsprechende Gewährung in der Zukunft verbunden sein soll und die Leistung allein freiwillig erfolgt.«

Von einer betrieblichen Übung spricht man, wenn ein Arbeitgeber ein bestimmtes Verhalten regelmäßig wiederholt, sodass ein Arbeitnehmer darin ein stillschweigendes Angebot auf Vertragsergänzung erblicken kann. Dabei ist es unerheblich, ob ein Arbeitgeber eine solche Vertragsergänzung zu seinen Lasten beabsichtigt hat. Wenn er nicht die Freiwilligkeit oder die Widerrufbarkeit seines Verhaltens stets unmissverständlich herausgestellt hat, wird allein auf den sogenannten Empfängerhorizont des Arbeitnehmers abgestellt. Folgende Frage ist dann ausschlaggebend: Wie durfte dieser das sich regelmäßig wiederholende Verhalten des Arbeitgebers verstehen?

Konnte der Arbeitnehmer das Verhalten als Angebot zur Vertragsergänzung verstehen, so ist der Arbeitgeber bei entsprechender Annahme durch den Arbeitnehmer zu seinem Verhalten auch zukünftig verpflichtet.

Der klassische Fall der betrieblichen Übung ist sicherlich die über Jahre ohne weitere Erklärungen gewährte Sonderzuwendung zu Weihnachten oder wie im obigen Fall die über Jahre wiederholte, ohne nähere Erläuterungen geleistete Gratifikation für besondere Arbeitsbelastung aufgrund einer Vielzahl von zeitgleich einzugewöhnenden Kindern.

### Nebenpflichten des Arbeitgebers

Wie bereits dargestellt, ist die Hauptpflicht eines Arbeitgebers sicherlich die Vergütungspflicht. Den Arbeitgeber treffen aber auch diverse sogenannte Nebenpflichten.

Hierzu zählt z. B. auch die *Beschäftigungspflicht*, denn ein Arbeitnehmer muss tatsächlich durch Zuweisung von Arbeit beschäftigt werden. Ohne gesonderte vertragliche Abrede darf ein Arbeitnehmer nicht ohne Weiteres freigestellt oder mit Nichtstun »beschäftigt« werden.

Eine weitere Nebenpflicht des Arbeitgebers ist die *Pflicht zu Schutzmaßnahmen*, um die körperliche Unversehrtheit des Arbeitnehmers zu gewährleisten. Hierzu regelt der auch auf Arbeitsverhältnisse anzuwendende § 618 Abs. 1 BGB:

Der Dienstberechtigte hat Räume, Vorrichtungen oder Gerätschaften, die er zur Verrichtung der Dienste zu beschaffen hat, so einzurichten und zu unterhalten, und Dienstleistungen, die unter seiner Anordnung oder seiner Leitung vorzunehmen sind, so zu regeln, dass der Verpflichtete gegen Gefahr für Leben und Gesundheit soweit geschützt ist, als die Natur der Dienstleistung es gestattet. (§ 618 Abs. 1 BGB)

Der Begriff »Räume«, der in der Rechtsnorm verwendet wird, ist weit gefasst. Hierunter fallen auch Orte, die der Arbeitnehmer im Zusammenhang mit seiner Verpflichtung zur Arbeitserbringung aufsucht.

In einer Kita ist dies also auch das Freigelände bzw. ein Garten. Dort müssen Sie als Leitung, also als Vertreter des Trägers, dafür sorgen, dass nicht nur die Kinder dort sicher spielen, sondern auch die Erzieherinnen sicher arbeiten können.

Weiteres regeln z. B. das Arbeitsschutzgesetz (ArbSchG) und vor allem die Arbeitsstättenverordnung (ArbStättV) mit ihren umfangreichen Anhängen.

> **!** Erfüllt ein Arbeitgeber seine Schutzverpflichtungen nach § 618 BGB nicht, so steht einem Arbeitnehmer ein Zurückbehaltungsrecht seiner Arbeitsleistung zu!
>
> Ungeachtet dessen hat der Arbeitnehmer das Recht, eine Anzeige bei der Aufsichtsbehörde zu erstatten (§ 17 Abs. 2 ArbSchG).
>
> Das Zurückbehaltungsrecht kann z. B. derart ausgeübt werden, dass ein Arbeitnehmer zwar zum Dienst erscheint, sich aber berechtigterweise weigert, Aufgaben in einem bestimmten gefährlichen Raum zu erledigen. Ist das Zurückbehaltungsrecht berechtigterweise ausgeübt worden, verliert der Arbeitnehmer auch nicht seinen Lohnanspruch. Auch kann ihm nicht wegen dieser Verweigerung gekündigt werden, da es sich um eine unzulässige Schikane handeln würde (Maßregelverbot, § 612a BGB).

Ein Arbeitgeber hat auch für hinreichenden (Personal-)Datenschutz bezüglich der Arbeitnehmerdaten zu sorgen. Dies betrifft insbesondere den Umgang mit der Personalakte. Diese müssen Sie daher so aufbewahren, dass ein Einblick durch andere Personen nicht möglich ist, am besten in einem abschließbaren Schrank in Ihrem Büro.

Zu den Schutzpflichten eines Arbeitgebers gehört außerdem der Schutz vor diskriminierenden Benachteiligungen. Denn auch für bestehende Arbeitsverhältnisse ist das AGG zu beachten. So besagt § 12 Abs. 1 AGG ausdrücklich:

> **§** Der Arbeitgeber ist verpflichtet, die erforderlichen Maßnahmen zum Schutz vor Benachteiligungen wegen eines in § 1 genannten Grundes [Rasse oder wegen der ethnischen Herkunft, des Geschlechts, der Religion oder Weltanschauung, einer Behinderung, des Alters oder der sexuellen Identität; Anm. d. Verf.] zu treffen.
>
> [...]
>
> Dieser Schutz umfasst auch vorbeugende Maßnahmen.
> (§ 12 Abs. 1 AGG)

Gerade der letzte Satz wird leider häufig nicht beachtet. Denn ein Arbeitgeber darf sich eben nicht darauf beschränken, lediglich auf Vorkommnisse zu reagieren. Er muss selbst vorbeugend tätig werden, um etwaige zukünftige Benachteiligungen bereits im Vorfeld zu verhindern. § 12 Abs. 2 AGG regelt dabei weiter:

> **§** Der Arbeitgeber soll in geeigneter Art und Weise, insbesondere im Rahmen der beruflichen Aus- und Fortbildung, auf die Unzulässigkeit solcher Benachteiligungen hinweisen und darauf hinwirken, dass diese unterbleiben. Hat der Arbeitgeber seine Beschäftigten in geeigneter Weise zum Zwecke der Verhinderung von Benachteiligung geschult, gilt dies als Erfüllung seiner Pflichten nach Absatz 1.
> (§ 12 Abs. 2 AGG)

Sie sollen also auf die Unzulässigkeit von Diskriminierungen »hinweisen«, »hinwirken« und Ihre Mitarbeiterinnen entsprechend schulen. Setzen Sie dies um, gilt dies als Erfüllung Ihrer Pflicht aus § 12 Abs. 2 AGG. Unterlassen Sie dies, sind Sie stärker gefährdet, als Arbeitgeber bei Diskriminierungen einzelner Arbeitnehmerinnen durch andere Arbeitnehmerinnen seitens der Opfer selbst auf Schadensersatz (etwa Schmerzensgeld) in Anspruch genommen zu werden.

 **Vermerk im Arbeitsvertrag** Bereits in Arbeitsverträgen kann ein ausdrücklicher Hinweis darauf erfolgen, dass Diskriminierungen aus den im AGG benannten Gründen verboten sind und Verstöße hiergegen vom Arbeitgeber nicht geduldet und mit arbeitsrechtlichen Sanktionen verfolgt werden.

Wird dem Arbeitgeber eine Diskriminierung unter seinen Mitarbeiter/innen bekannt, ist er verpflichtet, sofort zu handeln (§ 12 Abs. 3 AGG). Das Gesetz schlägt in diesem Absatz sogar ausdrücklich Maßnahmen vor, z. B. Abmahnung, Umsetzung, Versetzung oder Kündigung. Die jeweilige Maßnahme muss jedoch im Einzelfall geeignet, erforderlich und vor allem, je nach Art und Schwere der Diskriminierung, angemessen sein. Diese Kriterien erfüllt eine Maßnahme dann, wenn der Arbeitgeber aufgrund seiner Maßnahme davon ausgehen darf, dass er eine Wiederholung der Diskriminierung in der Zukunft wirksam unterbunden hat. Eine schwere Form der fortgesetzten Diskriminierung wird man daher nicht mit mehreren Ermahnungen begegnen können. Hier wird wohl einzig eine Abmahnung und nachfolgend im Wiederholungsfalle eine Kündigung angemessen sein.

Auch der Fall, dass Beschäftigte bei der Ausübung ihrer Tätigkeit durch Dritte diskriminiert werden, ist im AGG geregelt (§ 12 Abs. 4 AGG). »Dritte« können alle betriebsfremden Personen, in Kindertagesstätten z. B. auch Eltern, sein. Wird durch Dritte eine Diskriminierung verübt, so hat der Arbeitgeber auch in diesem Fall schnell und angemessen zu reagieren. Dies kann im Einzelfall auch ein Hausverbot gegenüber diesen Personen sein.

Schlussendlich regelt § 12 Abs. 5 AGG, dass ein Arbeitgeber seine Beschäftigten über ihre Rechte im Diskriminierungsfall zu unterrichten hat.

 Dieses Gesetz und § 61b des Arbeitsgerichtsgesetzes (ArbGG) sowie Informationen über die für die Behandlung von Beschwerden nach § 13 zuständigen Stellen sind im Betrieb oder in der Dienststelle bekannt zu machen.

[...]

Die Bekanntmachung kann durch Aushang oder Auslegung an geeigneter Stelle oder durch den Einsatz der im Betrieb oder der Dienststelle üblichen Informations- und Kommunikationstechnik erfolgen.
(§ 12 Abs. 5 AGG)

Der oben erwähnte § 61b ArbGG regelt dabei die Klagemöglichkeit wegen Benachteiligung vor dem Arbeitsgericht. Da hierfür Fristen zu beachten sind, soll der Arbeitnehmer darüber gesondert durch den Arbeitgeber aufgeklärt werden.

Ebenso darf ein Hinweis auf das Beschwerderecht eines Beschäftigten nach § 13 AGG nicht fehlen:

Die Beschäftigten haben das Recht, sich bei den zuständigen Stellen des Betriebs, des Unternehmens oder der Dienststelle zu beschweren, wenn sie sich im Zusammenhang mit ihrem Beschäftigungsverhältnis vom Arbeitgeber, von Vorgesetzten, anderen Beschäftigten oder Dritten wegen eines in § 1 genannten Grundes [Rasse oder wegen der ethnischen Herkunft, des Geschlechts, der Religion oder Weltanschauung, einer Behinderung, des Alters oder der sexuellen Identität; Anm. d. Verf.] benachteiligt fühlen.

[…]

Die Beschwerde ist zu prüfen und das Ergebnis der oder dem beschwerdeführenden Beschäftigten mitzuteilen.
(§ 13 AGG)

Der Arbeitgeber muss der Beschwerde also auch nachgehen.

 Damit das Beschwerderecht des Beschäftigten ihn auch effektiv zu schützen vermag, ist der Arbeitgeber verpflichtet, eine solche Beschwerdestelle auch tatsächlich zu ernennen und den Angestellten zu benennen. Oft wird dies schon aus praktischen Gründen eine andere den Arbeitgeber vertretende Person sein, z. B. die/der Personalverantwortliche des Kita-Trägers.

### Vorübergehende Verhinderung des Arbeitnehmers

Immer wieder Bestandteil der Beratungspraxis sind Fragen danach, was bei vorübergehender Verhinderung von Kita-Beschäftigten z. B. aufgrund besonderer familiärer Ereignisse (eigene Hochzeit, religiöse Feste, Krankheit des eigenen Kindes) oder notwendiger Behördengänge gilt. Diese Fälle regelt § 616 BGB, sofern es keine abweichende Regelung im Arbeitsvertrag gibt:

 Der zur Dienstleistung Verpflichtete wird des Anspruchs auf die Vergütung nicht dadurch verlustig, dass er für eine verhältnismäßig nicht erhebliche Zeit durch einen in seiner Person liegenden Grund ohne sein Verschulden an der Dienstleistung verhindert wird.
(§ 616 BGB)

Ist also ein Beschäftigter zur Leistung seiner Arbeitsverpflichtung nicht imstande, ohne diesen Zustand leichtsinnig und unverantwortlich herbeigeführt zu haben, so hat dies zur Konsequenz, dass sein Vergütungsanspruch für eine kurze Zeit dennoch erhalten bleibt. Dabei bestimmt sich die »nicht erhebliche Zeit« nach Ansicht der Rechtsprechung anhand der bisherigen Dauer des Arbeitsverhältnisses im Verhältnis zur Dauer der Verhinderungszeit.

 **Modifizierung im Arbeitsvertrag** Die gesetzliche Rechtsfolge des § 616 BGB kann per Arbeitsvertrag abgeändert oder auch gänzlich ausgeschlossen werden.

### Exkurs: Freistellung wegen Pflege eines Angehörigen

Im Falle der *Erkrankung des eigenen Kindes* greift alternativ auch der Freistellungsanspruch nach § 45 SGB V. Eltern haben hiernach aktuell Anspruch auf unbezahlte Freistellung gegenüber dem Arbeitgeber für 25 bzw. 50 (Alleinerziehende) Tage und Anspruch auf Krankengeld für zehn bzw. 20 Tage (Alleinerziehende).

Für die *Pflege anderer naher Angehöriger* in einer akut aufgetretenen Pflegebedürftigkeit besteht ebenfalls ein Anspruch auf Freistellung von zehn Tagen nach dem seit 2008 geltenden Pflegezeitgesetz (PflegeZG). Der Zeitraum kann auch für die Organisation der notwendigen Pflege verwendet werden. Zu den nahen Angehörigen zählt das Gesetz unter anderem Großeltern, (Schwieger-)Eltern, Geschwister und Ehegatten. Einen gesetzlichen Anspruch auf Lohnfortzahlung bietet das Gesetz jedoch nicht.

Sowohl das PflegeZG als auch das 2012 in Kraft getretene Familienpflegezeitgesetz (FpfzG) ermöglichen eine (teilweise) Freistellung auch über einen längeren Zeitraum, zum Teil mit Ausgleich des durch die Reduzierung der Arbeitszeit eintretenden Lohnverlusts. Weitere Informationen finden Sie auf der Internetpräsenz des Bundesfamilienministeriums: www.familien-pflege-zeit.de/home.html.

### Unterscheidung Arbeitnehmer – leitender Angestellter

Die Abgrenzung von Arbeitnehmer zu leitendem Angestellten wird in den verschiedenen Gesetzen teils unterschiedlich vorgenommen. Eine besonders umfassende Definition des Begriffs »leitender Angestellter« findet sich in § 5 Abs. 3 BetrVG:

Leitender Angestellter ist, wer nach Arbeitsvertrag und Stellung im Unternehmen oder im Betrieb
1. zur selbständigen Einstellung und Entlassung von im Betrieb oder in der Betriebsabteilung beschäftigten Arbeitnehmern berechtigt ist oder
2. Generalvollmacht oder Prokura hat und die Prokura auch im Verhältnis zum Arbeitgeber nicht unbedeutend ist oder
3. regelmäßig sonstige Aufgaben wahrnimmt, die für den Bestand und die Entwicklung des Unternehmens oder eines Betriebs von Bedeutung sind und deren Erfüllung besondere Erfahrungen und Kenntnisse voraussetzt, wenn er dabei entweder die Entscheidungen im Wesentlichen frei von Weisungen trifft oder sie maßgeblich beeinflusst; dies kann auch bei Vorgaben insbesondere aufgrund von Rechtsvorschriften, Plänen oder Richtlinien sowie bei Zusammenarbeit mit anderen leitenden Angestellten gegeben sein.

Diese Beschreibung eines leitenden Angestellten kann auf die Tätigkeit einer Kita-Leitung durchaus zutreffend sein, muss es aber nicht, denn die Abgrenzung ist stets im Einzelfall und anhand der jeweiligen arbeitsrechtlichen Norm vorzunehmen. So ist es nicht ungewöhnlich, dass die tatsächliche arbeitsrechtliche Leitung allein beim Träger verbleibt und in einzelnen Kita-Teilbetrieben vor Ort lediglich eine Person als pädagogische Leitung benannt wird. Diese hat aber oft nicht die Befugnisse im Sinne des § 5 Abs. 3 BetrVG, wenn sie z. B. nicht selbstständig andere Erzieherinnen einstellen oder entlassen oder auch ansonsten relevante, die Einrichtung betreffende Fragen nicht ohne Rücksprache mit dem Träger treffen darf.

Für leitende Angestellte gelten jedenfalls einige Sonderregelungen: Zunächst werden leitende Angestellte nicht von einem eventuell vorhandenen Betriebsrat vertreten, sondern von eigenen sogenannten Sprecherausschüssen. Zudem gilt für sie nicht das Arbeitszeitgesetz, da § 18 Abs. 1 ArbZG die Nichtanwendung ausdrücklich festlegt. Für leitende Angestellte gilt außerdem das Kündigungsschutzgesetz nur bedingt (§ 14 KSchG).

## Direktionsrecht/Weisungsrecht

Der Arbeitsvertrag bestimmt grundlegend die Pflichten, die ein Arbeitnehmer zu erfüllen hat. Ein Arbeitsvertrag kann jedoch naturgemäß nicht jede denkbare Konstellation im Arbeitsverhältnis voraussehen und erfassen. Daher werden im Einzelfall diese grundlegenden Pflichten durch den Arbeitgeber mittels Weisungen konkretisiert. Dieses Recht des Arbeitgebers ergibt sich aus § 106 GewO (Gewerbeordnung):

 Der Arbeitgeber kann Inhalt, Ort und Zeit der Arbeitsleistung nach billigem Ermessen näher bestimmen, soweit diese Arbeitsbedingungen nicht durch den Arbeitsvertrag, Bestimmungen einer Betriebsvereinbarung, eines anwendbaren Tarifvertrages oder gesetzliche Vorschriften festgelegt sind.

[...]

Dies gilt auch hinsichtlich der Ordnung und des Verhaltens der Arbeitnehmer im Betrieb. Bei der Ausübung des Ermessens hat der Arbeitgeber auch auf Behinderungen des Arbeitnehmers Rücksicht zu nehmen.
(§ 106 GewO)

Wir fassen also zusammen: Näher bestimmbar durch Sie als Vertreter des Trägers und somit des Arbeitgebers sind der Inhalt, der Ort, die Zeit der Arbeitsleistung sowie Ordnung und Verhalten der Arbeitnehmerin im Betrieb – sofern es nicht vorrangige Regelungen im Arbeitsvertrag, in einem Tarifvertrag, einer Betriebsvereinbarung oder zwingend im Gesetze gibt.

Das Weisungsrecht des Arbeitgebers ist jedoch nicht grenzenlos, sondern muss sich im Rahmen billigen Ermessens bewegen. Dieses billige Ermessen liegt vor, wenn durch den Arbeitgeber die *wesentlichen Umstände des Falles abgewogen* und die *beiderseitigen Interessen angemessen berücksichtigt* worden sind (BAG 23.09.2004 – 6 AZR 567/03). Sind hiernach also Weisungen eines Arbeitgebers als rechtmäßig einzuordnen, muss der Arbeitnehmer diesen nachkommen, will er nicht selbst vertragsbrüchig werden und arbeitsvertragliche Konsequenzen (z. B. Abmahnung, Kündigung) befürchten müssen.

Ist dagegen der Gegenstand der Weisung z. B. im Arbeitsvertrag konkret geregelt, ist für die Ausübung eines hiervon abweichenden Weisungsrechtes kein Raum mehr!

 **Umfang des Weisungsrechtes** Je konkreter etwas geregelt ist, desto geringer ist der Umfang des Weisungsrechts des Arbeitgebers.

Noch vereinfacht gesagt: Ist z. B. vertraglich festgelegt, dass die Arbeitnehmerin als »Erzieherin« angestellt ist, scheidet die Zuweisung z. B. von Maurertätigkeiten aus. Auch wenn das benannte Beispiel natürlich extrem ist, gibt es dennoch einen Spielraum hinsichtlich des Weisungsrechtes, z. B. wenn aufgrund einer Schwangerschaft die Tätigkeit nicht mehr ausgeübt werden kann oder darf. In diesen Fällen kann auch temporär die Zuweisung einer anderen Tätigkeit zumutbar sein, allerdings auch hier keine Maurertätigkeiten.

Hinsichtlich Ort und Zeit der Tätigkeit, die zugewiesen werden soll, gilt Ähnliches: Je präziser der Ort der Tätigkeit (z. B. Kita Picasso in der Picassostraße) im Arbeitsvertrag benannt ist, desto weniger ist eine Versetzung in eine andere Einrichtung rechtlich möglich. Dem Arbeitgeber bleibt hier statt einer Weisung nur die Möglichkeit einer Änderungskündigung.

Bezüglich der Zeit der Tätigkeit ist zwischen dem Umfang und der zeitlichen Lage der Tätigkeit zu unterscheiden. Der Umfang, der ja entlohnt wird, ist zumeist präzise festgelegt (»39 Stunden wöchentlich«) und damit dem Weisungsrecht entzogen. Dagegen ist die zeitliche Lage der Arbeitszeit oftmals arbeitsvertraglich nicht konkret geregelt, sodass z. B. der tägliche Beginn im Rahmen des oben erwähnten Ermessens durch Weisung festgelegt werden kann (weitere Einzelheiten im Kapitel »Arbeitszeit«, siehe S. 44).

 **Kleiderordnung** Von Ihrem Direktionsrecht umfasst ist ebenfalls die Bestimmung der Kleiderordnung: Halten Sie Piercings, schulterfreie T-Shirts, Hotpants usw. mit Blick auf das Umfeld Ihrer Einrichtung für unangemessen, dürfen Sie das Tragen während der Arbeitszeit untersagen.

Besonderheiten sind in Betrieben mit Betriebsrat zu beachten, da hier etwaige Mitbestimmungsrechte zu beachten sind.

## Abmahnung

Manche Arbeitnehmer/innen kommen zu spät zur Arbeit oder gehen zu früh, reichen gar nicht oder verspätet Arbeitsunfähigkeitsbescheinigungen ein oder – speziell in Kitas – genügen ihrer Aufsichtspflicht nicht im erforderlichen Umfang.

All dies können Verletzungen der arbeitsvertraglichen Pflichten darstellen. Kleine Fehler mögen hierbei verzeihbar sein, größere sind es zumeist nicht. Sie als Arbeitgeber haben nun mehrere Möglichkeiten, hierauf zu reagieren. Denkbar sind der freundliche Hinweis, die für den Bestand des Arbeitsverhältnisses unerhebliche Ermahnung bzw. Beanstandung oder eben die Abmahnung.

 **Funktionen der Abmahnung** Mit der Abmahnung weist der Arbeitgeber seine Arbeitnehmer/innen auf die Verletzung einer vertraglichen Pflicht hin. Er dokumentiert und rügt also ihr fehlerhaftes Verhalten. Zugleich kündigt der Arbeitgeber in der Abmahnung für den Wiederholungsfall rechtliche Konsequenzen an. Er warnt also ausdrücklich.

Eine Abmahnung erfüllt daher drei Funktionen: die Rügefunktion (oft auch Hinweisfunktion genannt), die Warnfunktion und die Dokumentationsfunktion. Sie liegt rechtlich daher erst vor, wenn sich ihr folgende Inhalte entnehmen lassen:
- die (sehr präzise) Beschreibung des missbilligten Verhaltens
- die Aufforderung, das Verhalten zu ändern
- die Darlegung des korrekten Verhaltens
- die Androhung von Rechtsfolgen (z. B. »Sollten sich ähnliche Pflichtverletzungen wiederholen, müssen Sie mit arbeitsrechtlichen Konsequenzen bis hin zu einer Kündigung des Arbeitsverhältnisses rechnen.«)

Fehlt einer dieser Inhalte, liegt allenfalls eine Ermahnung oder Beanstandung vor, z. B. wenn ein Arbeitnehmer lediglich schriftlich darauf hingewiesen wird, er möge nicht so oft zu spät zur Arbeit erscheinen. Mit einer solch pauschalen Formulierung wird keine konkrete Verletzung der arbeitsvertraglichen Pflicht zum pünktlichen Arbeitsantritt gerügt und dokumentiert. Auch fehlt der Hinweis auf das »richtige« vertragsgemäße Verhalten. Schlussendlich fehlt die Warnung für den Wiederholungsfall. Eine solche Ermahnung oder Beanstandung mag den Arbeitnehmer im besten Fall beeindrucken und ihn zukünftig zu Pünktlichkeit bewegen. Für den leider oftmals dann doch eintretenden Wiederholungsfall hat eine solche Maßnahme jedoch nicht die gleiche rechtliche Wirkung wie die Abmahnung. Daher ist auf den richtigen Inhalt einer Abmahnung sorgfältig zu achten. Das Muster auf der folgenden Seite zeigt Ihnen, wie eine Abmahnung formuliert sein sollte.

Zur Aussprache der Abmahnung ist der Arbeitgeber befugt. Ist der Arbeitgeber eine juristische Person (z. B. e. V., gUG oder gGmbH), handelt diese durch ihre Organe (z. B. Vorstand oder Geschäftsführung). Zum anderen haben diejenigen Vertreter des Arbeitgebers dieses Recht inne, die auch befugt sind, verbindliche Anweisungen wegen des Ortes, der Zeit sowie der Art und Weise der arbeitsvertraglich geschuldigten Arbeitsleistung zu erteilen. Sind Sie ausschließlich die pädagogische Leitung einer Kindertageseinrichtung, dann sollten Sie sich vor Ausspruch einer Abmahnung hierfür zur Sicherheit seitens Ihres Trägers ausdrücklich bevollmächtigen lassen.

 Es ist vorteilhaft für jede einzelne arbeitsvertragliche Pflichtverletzung eine gesonderte Abmahnung auszusprechen, selbst wenn es mehrere Verletzungen z. B. an einem Tag gegeben hat.

---

 **Abmahnung**　　　　　　　　　　　　　　　　　Datum: ...........................

Sehr geehrte/r Frau/Herr .............................,

am Dienstag, dem 0.0.20xy, sind Sie ohne Angabe von Gründen erst um 9.15 Uhr und somit verspätet zur Arbeit erschienen.
Wie Ihnen bekannt ist, beginnt Ihre regelmäßige Arbeitszeit/Ihr Schichtdienst um 7.45 Uhr.
Im Interesse eines ungestörten Arbeitsablaufs und mit Rücksicht auf die Mitarbeiter, die pünktlich ihre Arbeit antreten, können wir ein solches Fehlverhalten, das eine schwerwiegende Vertragsverletzung darstellt, nicht hinnehmen.
Wir haben Sie aufzufordern, zukünftig Ihre Arbeit pünktlich aufzunehmen.
Im Fall einer weiteren derartigen oder ähnlichen Pflichtverletzung sehen wir uns gezwungen, Ihr Arbeitsverhältnis zu kündigen.

Wir bitten Sie, uns den Erhalt dieser Abmahnung, die wir zu Ihren Personalakten nehmen werden, auf dem beigefügten Zweitexemplar zu bestätigen.

Mit freundlichen Grüßen (Unterschrift)

Empfangsbestätigung: ......................................................... (Name, Datum)

---

Denn irrt sich der Arbeitgeber auch nur hinsichtlich eines Verstoßes oder kann eine solche später nicht hinreichend beweisen, so wirkt sich dies auf die Wirksamkeit der ganzen Abmahnung aus. Sie wird hierdurch insgesamt unrichtig und unwirksam.

**Formlose und schriftliche Abmahnung** Eine Abmahnung kann grundsätzlich auch formlos, z. B. mündlich, erteilt werden. Da an den richtigen Inhalt einer Abmahnung jedoch strenge Anforderungen gestellt werden, sollte eine Abmahnung aus Beweisgründen besser immer schriftlich erfolgen und dem Arbeitnehmer entweder gegen Empfangsbekenntnis oder im Beisein von Zeugen ausgehändigt werden.

Die Abmahnung dient somit nicht nur dazu, den Vertragspartner auf die Verletzung seiner vertraglichen Pflichten hinzuweisen. Für den Fall einer ordentlichen verhaltensbedingten Kündigung oder gar einer fristlosen Kündigung aus wichtigem Grund ist die Abmahnung regelmäßig die Voraussetzung dafür, eine solche fristlose Kündigung rechtswirksam aussprechen zu können.

Der Arbeitnehmer soll zuvor grundsätzlich mindestens einmal gewarnt werden, welches konkrete Verhalten er zukünftig unbedingt zu unterlassen hat, will er nicht den Bestand seines Arbeitsverhältnisses gefährden. Erst dann soll grundsätzlich im Wiederholungsfall eine Kündigung das gerechtfertigte »letzte Mittel« des Arbeitgebers sein.

Allerdings gilt es auch hier zu beachten, dass eine einzige Abmahnung unter Umständen nicht ausreicht. Gerade bei äußerst geringfügigen Verletzungen der arbeitsvertraglichen Pflichten, z. B. einer marginalen Verspätung bei Arbeitsbeginn, kann eine einzige Abmahnung vor Ausspruch der Kündigung unverhältnismäßig sein, sodass mehrere Abmahnungen erforderlich sein können. Dies ist jedoch im Einzelfall zu prüfen.

**Abmahnung und Kündigung** Eine vorherige Abmahnung ist nur in Ausnahmefällen gänzlich entbehrlich, z. B. dann, wenn das Vertrauensverhältnis zwischen Arbeitgeber und Arbeitnehmer so tiefgreifend gestört ist, dass eine Fortsetzung für den Arbeitgeber unzumutbar ist, und der Arbeitnehmer hätte erkennen können, dass sein Verhalten niemals durch den Arbeitgeber geduldet worden wäre. Beispielhaft seien Diebstahl, Tätlichkeiten oder schwere Beleidigungen erwähnt.

Im Fall von besonders schweren Verstößen des Arbeitnehmers kann sich der Arbeitgeber also entscheiden, wie er handeln möchte: Er kann, wie soeben aufgezeigt, sofort eine fristlose Kündigung aus wichtigem Grund aussprechen. Er kann dem Arbeitnehmer aber auch eine letzte Chance geben und lediglich eine Abmahnung aussprechen.

Entscheidet sich der Arbeitgeber für eine Abmahnung, so muss ihm jedoch klar sein, dass später wegen dieses *konkret abgemahnten Vorfalls* eine Kündigung nicht mehr ausgesprochen werden kann. Denn hiermit zeigt ein Arbeitgeber, dass er auf sein Kündigungsrecht verzichten und es lediglich bei einer Abmahnung belassen will.

## Urlaub

Was haben Sie als Kita-Leitung oder Träger bezüglich des Urlaubs Ihrer Erzieherinnen zu beachten?

Regelungen zum Urlaub finden sich hauptsächlich im Arbeits- und/oder Tarifvertrag, im Bundesurlaubsgesetz (BUrlG), dem Jugendarbeitsschutzgesetz (JArbSchG) und in § 125 SGB IX (bei schwerbehinderten Arbeitnehmer/innen). Das BUrlG regelt dabei sicherlich die wichtigsten Fragen rund um den Urlaubsanspruch eines Arbeitnehmers.

Anspruch auf Urlaub haben Arbeitnehmer/innen, die in einem unbefristeten, befristeten oder auflösend bedingten Voll- oder Teilzeitarbeitsverhältnis stehen, das mindestens einen vollen Monat andauern muss. Auch geringfügig Beschäftigte haben einen Anspruch auf Urlaub.

### Mindesturlaubsanspruch

Der Mindesturlaubsanspruch eines Arbeitnehmers berechnet sich nach dem Grundgedanken des BUrlG, dass jedem Vollzeit arbeitenden Arbeitnehmer pro Jahr mindestens vier Wochen Urlaub zustehen sollen (arbeits- oder tarifvertraglich kann natürlich mehr vereinbart sein). Daher regelt auch § 3 Abs. 1 BUrlG:

 Der Urlaub beträgt jährlich mindestens 24 Werktage.
(§ 3 Abs. 1 BUrlG)

Auf den ersten Blick könnte man denken, dass sich rechnerisch so mehr als vier Wochen Urlaub ergeben. Dies klärt sich jedoch bei näherer Betrachtung: Denn nach § 3 Abs. 2 BUrlG gelten als Werktage alle Kalendertage, die nicht Sonn- oder gesetzliche Feiertage sind, mithin also (zumeist) Montag bis Samstag. Das BUrlG geht nämlich von einer Sechs-Tage-Woche aus, sodass ein an sechs Tagen die Woche tätiger Arbeitnehmer vier Wochen (= 24 Werktage) Urlaub haben soll. Dies gilt es zu beachten!

Dies bedeutet aber nicht, dass nun ein Arbeitnehmer mit einer Fünf-Tage-Woche einen gesetzlichen Mindesturlaubsanspruch hat, der über vier Wochen hinausgeht. Das Gegenteil ist der Fall!

 **Berechnung des Mindesturlaubsanspruches** Hat der Arbeitnehmer keine Sechs-Tage-Woche, so ist der Mindesturlaubsanspruch nach der folgenden Formel umzurechnen:

24 ÷ 6 × Arbeitstage pro Woche

So ergibt sich z. B. bei einer Fünf-Tage-Woche ein Mindesturlaubsanspruch von 20 Werktagen, die sich aber aufgrund der Verpflichtung, »nur« an fünf Tagen wöchentlich zu arbeiten, wiederum zu vier Wochen addieren.

Der Anspruch auf Urlaub entsteht übrigens erst nach einer Wartezeit von sechs Monaten (§ 4 BUrlG). Auch in den ersten sechs Monaten können Sie natürlich Urlaubswünschen Ihrer neuen Mitarbeiterinnen nachkommen, müssen das aber nicht und haben so eine gewisse Planungssicherheit. Eine Ausnahme gilt nach § 5 BUrlG für Arbeitsverhältnisse, die am oder nach dem 01.07. eines Jahres begonnen haben. Da hier die sechsmonatige Wartezeit mit dem Ende des Jahres oder sogar später endet, soll ein Arbeitnehmer nicht gänzlich ohne Urlaubsanspruch in dem Jahr sein, in dem sein Arbeitsverhältnis beginnt. Ihm steht ein Zwölftel des Jahresurlaubs für jeden vollen Monat des Bestehens des Arbeitsverhältnisses zu. Gleiches gilt, wenn der Arbeitnehmer noch vor erfüllter Wartezeit oder nach der erfüllten Wartezeit von sechs Monaten des (Folge-)Kalenderjahres aus dem Arbeitsverhältnis ausscheidet.

In den folgenden Jahren entsteht der volle Urlaubsanspruch bereits jeweils zu Beginn des Kalenderjahres.

## Bestimmung des Urlaubszeitpunktes

Grundsätzlich bestimmt der Arbeitgeber den Zeitpunkt des Urlaubs durch Gewährung. Aber Achtung! Er hat hierbei § 7 Abs. 1 BUrlG zu beachten:

 Bei der zeitlichen Festlegung des Urlaubs sind die Urlaubswünsche des Arbeitnehmers zu berücksichtigen, es sei denn, dass ihrer Berücksichtigung dringende betriebliche Belange oder Urlaubswünsche anderer Arbeitnehmer, die unter sozialen Gesichtspunkten den Vorrang verdienen, entgegenstehen.

[...]

Der Urlaub ist zu gewähren, wenn der Arbeitnehmer dies im Anschluss an eine Maßnahme der medizinischen Vorsorge oder Rehabilitation verlangt.
(§ 7 Abs. 1 BUrlG)

Daraus ergibt sich, dass der Arbeitgeber zwar den Urlaub festlegt, hierbei aber nicht frei ist, sondern den Wünschen des Arbeitnehmers zu folgen hat, wenn nicht eine der vorbenannten Ausnahmen dem entgegensteht. Äußert der Arbeitnehmer keinen Urlaubswunsch, so kann der Arbeitgeber den Urlaubszeitraum von sich aus bestimmen.

## Länge des Urlaubs

Die sogenannte Gewährung des Urlaubs regelt § 7 Abs. 2 BUrlG:

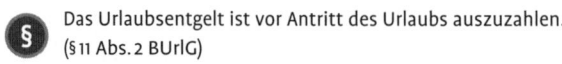 Der Urlaub ist zusammenhängend zu gewähren, es sei denn, dass dringende betriebliche oder in der Person des Arbeitnehmers liegende Gründe eine Teilung des Urlaubs erforderlich machen. Kann der Urlaub aus diesen Gründen nicht zusammenhängend gewährt werden, und hat der Arbeitnehmer Anspruch auf Urlaub von mehr als zwölf Werktagen, so muss einer der Urlaubsteile mindestens zwölf aufeinanderfolgende Werktage umfassen.
(§ 7 Abs. 2 BUrlG)

Natürlich steht es dem Arbeitgeber frei, dem Arbeitnehmer auf dessen Wunsch hin auch kürzere Urlaubsabschnitte zu gewähren. Außerdem eröffnet § 13 Abs. 1 Satz 3 BUrlG die Möglichkeit, dass die vorbenannte Regelung im Arbeitsvertrag zur Gänze ausgeschlossen wird.

## Urlaubsentgelt und Urlaubsgeld

Das Urlaubsentgelt ist das Entgelt, das dem Arbeitnehmer für die Zeit des Urlaubs zusteht.

Das Urlaubsgeld ist dagegen eine Leistung des Arbeitgebers, die der Arbeitnehmer zusätzlich zum Urlaubsentgelt erhalten soll. Ansprüche auf Urlaubsgeld können aus arbeits- oder tarifvertraglichen Regelungen oder aus betrieblicher Übung entstehen. Einen gesetzlichen Anspruch auf Urlaubsgeld gibt es jedoch nicht.

Die Berechnung des Urlaubsentgeltes gibt grundsätzlich zunächst § 11 Abs. 1 BUrlG vor:

Das Urlaubsentgelt bemisst sich nach dem durchschnittlichen Arbeitsverdienst, das der Arbeitnehmer in den letzten dreizehn Wochen vor dem Beginn des Urlaubs erhalten hat, mit Ausnahme des zusätzlich für Überstunden gezahlten Arbeitsverdienstes.
(§ 11 Abs. 1 BUrlG)

Man bezeichnet diese Berechnung als »Referenzprinzip«. Daraus folgt, dass der geschuldete Lohn nicht einfach weiterzuzahlen, sondern eben im Hinblick auf den Zeitraum der letzten 13 Wochen vor Urlaubsbeginn zu berechnen ist. Es geht daher nicht darum, was der Beschäftigte erhalten würde, wenn er nicht Urlaub genommen, sondern weitergearbeitet hätte.

Wann ist das Urlaubsentgelt dem Arbeitnehmer zu zahlen? Auch hinsichtlich der Zahlung hilft § 11 BUrlG. Absatz 2 regelt dort – für manche sicher überraschend:

Das Urlaubsentgelt ist vor Antritt des Urlaubs auszuzahlen.
(§ 11 Abs. 2 BUrlG)

Das bedeutet, dass ein Arbeitnehmer bereits vor Antritt seines Urlaubs über das Urlaubsentgelt verfügen muss.

 Wenn also die in Ihrer Kita beschäftigte Erzieherin Ann-Kathrin vom 15.08.–29.08. in den Urlaub fährt, müsste sie von Gesetzes wegen ihren Lohn für den August nicht erst am 31.08. erhalten, sondern bereits am 14.08., und nach der oben berechneten Art und Weise.

### Exkurs: Feiertagsvergütung

Die Regelungen zu den gesetzlichen Feiertagen stehen nicht in Verbindung mit dem Urlaub und die Fortzahlung an Feiertagen nicht mit dem Urlaubsentgelt. Daher ist die sogenannte Feiertagsvergütung auch nicht im BUrlG, sondern im EntgFG (Entgeltfortzahlungsgesetz) geregelt. §2 EntgFG legt fest, dass ein Arbeitnehmer aufgrund eines gesetzlichen Feiertages seinen Vergütungsanspruch nicht verliert. Der Arbeitgeber hat ihm für Arbeitszeit, die infolge eines gesetzlichen Feiertages ausfällt, das Arbeitsentgelt zu zahlen, das dieser ohne den Arbeitsausfall erhalten hätte.

Nach §2 Abs.3 verliert ein Arbeitnehmer allerdings den Lohnzahlungsanspruch für diesen gesetzlichen Feiertag, wenn er einen Tag vorher oder danach von der Arbeit unentschuldigt fernbleibt. Das »Blaumachen« an einem Brückentag wird somit doppelt bestraft.

## Übertragbarkeit des Urlaubs

Ist ein Urlaubsanspruch entstanden, besteht dieser für das jeweilige Kalenderjahr und ist bis zum jeweiligen Jahresende zu nehmen. Der Urlaubsanspruch ist also befristet. Denn §7 Abs.3 Satz1 BUrlG besagt ganz eindeutig:

 Der Urlaub muss im laufenden Kalenderjahr gewährt und genommen werden.
(§7 Abs.3 Satz1 BUrlG)

Wird also der Urlaub nicht bis zum Jahresende durch den Beschäftigten genommen, erlischt der Anspruch hierauf grundsätzlich. Eine Ausnahme gilt z.B. für die Fälle, in denen der Arbeitnehmer krankheitsbedingt langfristig arbeitsunfähig ist.

Eine weitere Ausnahme ist die weithin bekannte Übertragungsmöglichkeit in das nächste Jahr. Diese ist aber, und das wird häufig übersehen, an bestimmte Voraussetzungen gebunden. Denn §7 Abs.3 Satz2 BUrlG regelt:

 Eine Übertragung des Urlaubs auf das nächste Kalenderjahr ist nur statthaft, wenn dringende betriebliche oder in der Person des Arbeitnehmers liegende Gründe dies rechtfertigen.
(§7 Abs.3 Satz2 BUrlG)

Ist dies der Fall, darf der Urlaub jedoch nicht beliebig lange in das nächste Kalenderjahr übertragen werden. Denn auch hierzu gibt es die gesetzliche Regelung in §7 Abs.3 Satz3 BUrlG:

Im Fall der Übertragung muss der Urlaub in den ersten drei Monaten des folgenden Kalenderjahres gewährt und genommen werden.
(§ 7 Abs. 3 Satz 3 BUrlG)

Erfolgt dies nicht, verfällt der Urlaubsanspruch. Der Arbeitnehmer kann seinen Anspruch auf Urlaub nicht mehr durchsetzen, und der Arbeitgeber muss einen nicht vollständig genommenen Urlaub aus dem vergangenen Jahr nicht mehr gewähren.

Aber was sind diese »dringende[n] betriebliche[n]« Gründe, die eine Verschiebung sogar gegen den Willen des Arbeitnehmers rechtfertigen (siehe auch S. 50)? Dringende betriebliche Gründe können beispielsweise sein: saisonal bedingter höherer Arbeitsaufwand, ein besonders hoher Krankenstand im Betrieb zum Ende des Urlaubsjahres oder die Tatsache, dass bereits anderen Angestellten Urlaub gewährt worden ist, sodass es dem Arbeitgeber nicht zuzumuten ist, die Fortführung des Betriebs durch Urlaubsgewährung zu gefährden.

Eine Ausnahme ist auch die langjährige Erkrankung über das Ende des Urlaubsjahres und den Übertragungszeitraum hinaus. Nach einem Urteil des Europäischen Gerichtshofes verfallen die Urlaubsansprüche langjährig Erkrankter nicht. Hier ist Urlaub zwar nicht grenzenlos, jedoch für einen längeren Zeitraum zu gewähren. Die Rechtsprechung hierzu ist im Auge zu behalten.

Zu guter Letzt sei in diesem Abschnitt auf § 9 BUrlG verwiesen: Wenn jemand im Urlaub erkrankt und dies durch ärztliches Zeugnis nachweisen kann, »werden die durch ärztliches Zeugnis nachgewiesenen Tage der Arbeitsunfähigkeit auf den Jahresurlaub nicht angerechnet«.

# Krankheit

Im Krankheitsfall hat ein Arbeitnehmer ein Recht auf Entgeltfortzahlung – wenn gewisse Voraussetzungen erfüllt sind. Diese regelt zunächst § 3 Abs. 1 Satz 1 EntgFG:

 Wird ein Arbeitnehmer durch Arbeitsunfähigkeit infolge Krankheit an seiner Arbeitsleistung verhindert, ohne dass ihn ein Verschulden trifft, so hat er Anspruch auf Entgeltfortzahlung im Krankheitsfall durch den Arbeitgeber für die Zeit der Arbeitsunfähigkeit bis zur Dauer von sechs Wochen.
(§ 3 Abs. 1 Satz 1 EntgFG)

Im Einzelnen sind also die Voraussetzungen für die Entgeltfortzahlung im Krankheitsfall:
- Es muss sich um einen Arbeitnehmer handeln.
- Es muss eine Krankheit vorliegen.
- Aus der Krankheit folgt die Arbeitsunfähigkeit.
- Die Krankheit trat ohne Verschulden des Arbeitnehmers ein.

Liegen diese Voraussetzungen vor, so behält der Arbeitnehmer seinen Entgeltanspruch für die Zeit der Arbeitsunfähigkeit bis zur Dauer von sechs Wochen.

Der Begriff »Krankheit« bedarf einer Erklärung, ebenso wann Arbeitsunfähigkeit vorliegt: Von *Krankheit* spricht man, wenn ein regelwidriger Körper- oder Geisteszustand gegeben ist, der einer Heilbehandlung bedarf. Ein Arbeitnehmer ist *arbeitsunfähig*, wenn er seinen vertraglichen Pflichten objektiv nicht nachkommen kann oder nicht nachkommen sollte, weil hierdurch die Genesung erschwert würde. Die Arbeitsunfähigkeit muss außerdem auf eine Krankheit zurückzuführen sein. Dabei bestimmt sich die Arbeitsunfähigkeit stets danach, welche Arbeit ein Beschäftigter zu leisten hat. So wird eine freigestellte Leitung mit gestauchtem Finger schneller wieder arbeitsfähig sein als ein angestellter Orchesterpianist.

Den Anspruch auf Entgeltfortzahlung im Krankheitsfall hat ein Arbeitnehmer aber nicht sogleich nach Beginn seines Arbeitsverhältnisses. Im Gegenteil, zunächst muss er, und dies wird häufig übersehen, eine Wartefrist erfüllt haben. Denn § 3 Abs. 3 EntgFG regelt:

 Der Anspruch nach Abs. 1 [siehe oben; Anm. d. Verf.] auf Entgeltfortzahlung im Krankheitsfall] entsteht nach vierwöchiger ununterbrochener Dauer des Arbeitsverhältnisses.
(§ 3 Abs. 3 EntgFG)

Das bedeutet: Erkrankt ein Arbeitnehmer in den ersten vier Wochen des Beschäftigungsverhältnisses, hat er innerhalb dieses Zeitraumes keinen Anspruch auf Entgeltfortzahlung durch den Arbeitgeber. Dieser Anspruch entsteht jedoch, wenn die Krankheit der Beschäftigten über die Wartezeit hinaus andauert. Dann ist mit dem ersten Tag nach der Wartezeit dem Arbeitnehmer die Entgeltfortzahlung gegebenenfalls bis zur Dauer von sechs Wochen zu zahlen.

**Entgeltfortzahlung bei Fortsetzungskrankheiten** Die Entgeltfortzahlung im Krankheitsfall von jeweils sechs Wochen gilt jedoch nicht im Fall sogenannter Fortsetzungserkrankungen. Hierbei handelt es sich um wiederkehrende Erkrankungen, die auf demselben Grundleiden beruhen. Bei solchen Fortsetzungserkrankungen werden die Zeiten der Arbeitsunfähigkeit addiert, denn es besteht in diesen Fällen insgesamt nur ein Anspruch auf Entgeltfortzahlung für sechs Wochen. Allerdings werden die Zeiten nicht addiert, wenn

- der Arbeitnehmer zuvor seit sechs Monaten an der Fortsetzungserkrankung nicht mehr erkrankt war oder
- der Beginn der ersten Arbeitsunfähigkeit länger als zwölf Monate zurückliegt (§ 3 Abs. 1 Satz 2 EntgFG).

# Arbeitszeit

Was unter »Arbeitszeit« zu verstehen ist und zu wie vielen Stunden ein Arbeitnehmer maximal am Tag verpflichtet werden darf, lässt sich § 2 Abs. 1 Satz 1 ArbZG und § 3 ArbZG ausdrücklich entnehmen:

 Arbeitszeit im Sinne dieses Gesetzes ist die Zeit vom Beginn bis zum Ende der Arbeit ohne die Ruhepausen; [...].

(§ 2 Abs. 1 Satz 1 ArbZG)

Die werktägliche Arbeitszeit der Arbeitnehmer darf acht Stunden nicht überschreiten. Sie kann auf bis zu zehn Stunden nur verlängert werden, wenn innerhalb von sechs Kalendermonaten oder innerhalb von 24 Wochen im Durchschnitt acht Stunden werktäglich nicht überschritten werden.
(§ 3 ArbZG)

Damit ist die werktägliche Arbeitszeit (gemeint ist die Zeit an den Tagen Montag bis einschließlich Samstag) grundsätzlich auf acht Stunden begrenzt. Ausnahmen sind jedoch möglich.

Aus dem Gesetzestext geht bereits hervor, dass die Ruhezeiten nicht in die Arbeitszeit mit einfließen. Aber auch die Anzahl und Dauer der Ruhepausen, die einem Arbeitnehmer zustehen, sind in § 4 ArbZG gesetzlich geregelt:

 Die Arbeit ist durch im Voraus feststehende Ruhepausen von mindestens 30 Minuten bei einer Arbeitszeit von mehr als sechs bis zu neun Stunden und 45 Minuten bei einer Arbeitszeit von mehr als neun Stunden insgesamt zu unterbrechen.

[...]

Die Ruhepausen nach Satz 1 können in Zeitabschnitte von jeweils mindestens 15 Minuten aufgeteilt werden.

[...]

Länger als sechs Stunden hintereinander dürfen Arbeitnehmer nicht ohne Ruhepause beschäftigt werden.
(§ 4 ArbZG)

Es gelten also folgende Ruhepausen:

- bei 6 bis 9 Stunden müssen 30 Minuten Ruhepause erfolgen
- bei mehr als 9 Stunden müssen 45 Minuten Ruhepause eingehalten werden
- eine einzelne Ruhepause muss mindestens 15 Minuten lang sein
- nach 6 Stunden muss eine Ruhepause erfolgen

Die Ruhepausen müssen deshalb im Voraus feststehen, damit sich ein Arbeitnehmer darauf einrichten und die Pause auch tatsächlich sinnvoll zur Erholung nutzen kann. Er muss dabei auch bereits im Voraus wissen, wie lange die einzelne Pause ist. Nicht erforderlich ist, dass ein Arbeitgeber die Ruhepause(n) zeitlich ganz präzise vorgibt; ausreichend ist, wenn hierfür allein ein zeitlicher Rahmen genannt wird, innerhalb dessen die Pause zu nehmen ist, z. B. »zwischen 11.30 und 12.30 Uhr«.

Neben den Ruhepausen gibt es noch die Ruhezeiten. Arbeitnehmer/innen haben einen Anspruch auf eine ununterbrochene Ruhezeit von mindestens elf Stunden nach Beendigung ihrer täglichen Arbeitszeit (§ 5 Abs. 1 ArbZG), in der sie frei ihren eigenen Interessen nachgehen und sich von den Belastungen der Arbeit erholen können. In Einrichtungen, unter anderem der Pflege und Betreuung von Personen, kann diese Ruhezeit auf bis zu zehn Stunden verkürzt werden, wenn dies innerhalb von vier Wochen durch eine Ruhezeit von mindestens zwölf Stunden wieder ausgeglichen wird (§ 5 Abs. 2 ArbZG).

Auch wenn eine Kita sicherlich eine solche Betreuungseinrichtung im Sinne des § 5 Abs. 2 ArbZG ist, dürfte die Anwesenheit einer Erzieherin z. B. an einem Elternabend bis 22.00 Uhr bei nachfolgendem Arbeitsbeginn um 7.00 Uhr am nächsten Morgen nicht zulässig sein, da hier nur eine Ruhezeit von neun Stunden eingehalten wird.

Das Arbeitszeitgesetz muss im Betrieb zur Einsichtnahme ausgehängt oder ausgelegt werden.

## Mutterschutz

Beim Gesetzestext zum Schutze der erwerbstätigen Mutter (kurz: Mutterschutzgesetz; MuSchG) macht es Sinn, chronologisch umgekehrt, also von hinten, anzufangen. Dort ist in § 18 die Auslagepflicht, die Pflicht zur Veröffentlichung dieses Gesetzes, geregelt:

In Betrieben und Verwaltungen, in denen regelmäßig mehr als drei Frauen beschäftigt werden, ist ein Abdruck dieses Gesetzes an geeigneter Stelle zur Einsicht auszulegen oder auszuhändigen. (§ 18 MuSchG)

Da die erforderliche Zahl von Mitarbeiterinnen in nahezu jeder Kita erreicht wird, gilt diese Pflicht auch für Ihre Einrichtung. Das MuSchG ist ein verhältnismäßig leicht lesbares Gesetz, das jede Menge Informationen zum Umgang mit schwangeren bzw. werdenden (wie das Gesetz formuliert) und stillenden Müttern enthält, die für Ihre tägliche Praxis als Leitungskraft von Bedeutung sind.

Zusätzlich relevant für Sie ist die Verordnung zum Schutze der Mütter am Arbeitsplatz (MuSchArbV), in der konkreter geregelt ist, wie der Schutz umzusetzen ist. Sie finden auch dieses Gesetz ohne Schwierigkeiten im Internet.

Verantwortlich für die Umsetzung aller im MuSchG genannten Schutzmaßnahmen ist der Arbeitgeber, also meist Ihr Träger, zuständig, der jedoch stark auf Ihre Mitarbeit angewiesen ist. Wenn Sie sich beim Umgang mit Regeln zum Mutterschutz unsicher sein sollten oder weitere Fragen haben, wenden Sie sich bitte an die für den Arbeitsschutz in Ihrer Gemeinde zuständigen Behörden (oft Landesamt für Arbeitsschutz, aber auch Gewerbeaufsichtsämter), die Sie im Falle einer Schwangerschaft in Ihrer Einrichtung ohnehin kontaktieren müssen (§5 Satz3 MuSchG). Diese Aufsichtsbehörden könnten auch auf Sie zukommen und Sie nach sämtlichen möglichen Informationen zu der schwangeren oder stillenden Mutter befragen, unter anderem auch zu der Gefährdungsbeurteilung und Unterrichtung, die wir im Folgenden beschreiben. Das ist nach §19 MuSchG Recht und Pflicht der Aufsichtsbehörde.

## Gestaltung des Arbeitsplatzes – Beschäftigungsverbot

Ihre wichtigste Aufgabe bei Bekanntwerden einer Schwangerschaft ist die sogenannte Gefährdungsbeurteilung nach der MuSchArbV. Die regionalen Unfallkassen und die für Arbeitsschutz zuständigen Behörden haben in der Regel eine Vorlage für eine solche Analyse der Gefährdungen am Arbeitsplatz zum Download bereit. Diese soll sicherstellen, dass die werdende oder stillende Mutter keiner erhöhten Gefahr für sich oder das erwartete Kind ausgesetzt ist. Die Gefahren werden im Allgemeinen eingeteilt in physikalische, chemische und biologische Gefährdungen sowie solche, die durch die Arbeitsbedingungen und die Arbeitszeit entstehen. Für die Arbeit im Kindergarten haben vor allem folgende Aspekte zum Schutze des ungeborenen Kindes und seiner Mutter Bedeutung:

- Tragen von schweren Lasten
- Lärmbelastung über 80 dB
- häufiges erhebliches Strecken oder Beugen bzw. dauerndes Hocken
- Umgang mit Körperflüssigkeiten
- Kontakt mit Erregern, vor allem von Kinderkrankheiten wie Scharlach, Mumps, Masern, (Ringel-)Röteln, Windpocken, Keuchhusten, aber auch Zytomegalie (Humanes Herpesvirus) sowie Hepatitis A, B und C
- Kontakt mit besonders aggressiven Kindern
- zu lange Arbeitszeiten (siehe unten)

Liegen keine besonderen Gefährdungen aufgrund der Beschaffenheit des Arbeitsplatzes vor, gelten die bekannten, grundsätzlichen Regeln zum Beschäftigungsverbot für (werdende) Mütter: Sechs Wochen vor dem errechneten Geburtstermin darf eine werdende Mutter nicht beschäftigt werden. Die Mutter kann sich allerdings ausdrücklich zur Arbeit bereit erklären (§3 MuSchG). Ebenso bekannt ist das Beschäftigungsverbot von acht Wochen nach der Entbindung (§6 MuSchG), das für Mütter von Mehrlingsgeburten übrigens zwölf Wochen beträgt.

Die Durchführung der Gefährdungsanalyse führt jedoch nicht selten zu dem Ergebnis, dass die schwangere Mitarbeiterin bis zum Ende der Schwangerschaft von der Arbeit freizustellen ist. Häufigster Grund ist hier die drohende Infektionsgefahr (vor allem Zytomegalie und Röteln), die zu erheblichen Schädigungen des Fötus führen kann. Wir können daher nur empfehlen, die Mitarbeiterin direkt nach ihrer Bekanntgabe der Schwangerschaft zunächst freizustellen und sie aufzufordern, ihren Immunstatus abklären zu lassen.

Die Aufsichtsbehörden geben Ihnen Hilfestellung, wenn Sie nicht sicher sein sollten, ob für eine Mitarbeiterin ein Beschäftigungsverbot besteht. Richten Sie sich nach den Empfehlungen der Behörde und wenden Sie sich an den begleitenden Arzt.

Bevor Sie das Beschäftigungsverbot aussprechen, können Sie prüfen, ob die schwangere Mitarbeiterin in einen Bereich der Einrichtung versetzt werden kann, der eine geringere Infektionsgefahr birgt. Das wird jedoch oft nicht möglich sein.

Weiterhin haben Sie alle Beschäftigten über die oben genannten Infektionskrankheiten (Übertragungswege, Symptome, mögliche Schädigungen des ungeborenen Kindes) und erforderliche Hygienemaßnahmen zu unterweisen. Die MuSchArbV kennt keine regelmäßigen Termine für diese Unterrichtung. Sie können Sie jedoch mit der Pflichtbelehrung nach § 12 BioStoffV (siehe unten) verbinden.

Schwangere Mitarbeiterinnen sollten Sie zur Sicherheit generell vom »Wickel- und Toilettenbegleitdienst« freistellen. Bitte halten Sie zusätzlich Einmalhandschuhe und Desinfektionsmittel bereit.

## Arbeitszeit

§ 8 MuSchG regelt klar und deutlich die maximale Arbeitszeit für werdende und stillende Mütter:

- Frauen unter 18 Jahren dürfen nicht mehr als 8 Stunden täglich oder 80 Stunden in der Doppelwoche (also innerhalb von 14 Tage) arbeiten,
- volljährige Frauen nicht mehr 8,5 Stunden bzw. 90 Stunden in der Doppelwoche.
- Nachtarbeit (zwischen 20 und 6 Uhr) sowie Arbeit an Sonn- und Feiertagen ist ausgeschlossen. Ausnahmen für das Beherbergungswesen (z. B. Wohnheime, Internate, Kinderheime) sind in den Absätzen 3 und 4 zu finden.

Ganz wichtig für Ihre Dienstplanerstellung könnte auch § 7 MuSchG sein. Dieser ist mit »Stillzeit« überschrieben und regelt genau das. Danach bekommen stillende Mütter die zum Stillen erforderliche Zeit frei, mindestens aber

- zweimal pro Tag eine halbe Stunde,
- bei mehr als acht Stunden Arbeitszeit zweimal pro Tag 45 Minuten
- oder mindestens einmal pro Tag 90 Minuten, wenn in Ihrer Einrichtung keine geeignete Stillmöglichkeit vorhanden ist.

Die Stillzeit darf keinen Verdienstausfall nach sich ziehen und muss nicht nachgearbeitet werden, ist also einfach eine zusätzliche bezahlte Freistellung. Bitte sprechen Sie auch mit der zuständigen Behörde, da diese nähere Bestimmungen zu Zahl, Lage und Dauer der Stillzeiten getroffen und möglicherweise sogar die Einrichtung eines Stillraumes vorgeschrieben haben könnte (§ 7 Abs. 3 MuSchG).

§ 4 MuSchG sieht ebenfalls einige begrenzte Beschäftigungsverbote für die werdende Mutter vor, die insbesondere eine Frühgeburt oder sonstige Schädigungen des ungeborenen Kindes verhindern helfen sollen:

- Eine werdende Mutter soll regelmäßig nicht mehr als fünf Kilogramm heben und nicht einmal gelegentlich mehr als zehn Kilogramm. Im Krippenbereich muss daher jemand Hilfestellung leisten, um ein Kind z. B. auf den Wickeltisch zu heben.
- Die Tätigkeit muss eine Abwechslung von Stehen und Sitzen vorsehen. Häufiges Strecken oder Beugen sowie Arbeiten in gebückter Haltung sind zu vermeiden (also sollte auch ein für Erwachsene geeigneter Stuhl vorhanden sein).
- Sie darf keine Tätigkeiten ausführen, bei denen sie Gefahr läuft, auszugleiten, zu fallen oder abzusetzen. Der Einsatz auf dem Klettergerüst ist daher z. B. jemand anderem anzuvertrauen.
- Der Umgang mit bekanntermaßen aggressiven oder unkontrollierten Kindern ist ebenfalls nicht zulässig.

Die Kündigung einer schwangeren Mitarbeiterin ist ausgeschlossen, vorausgesetzt Sie wussten von der Schwangerschaft oder die Arbeitnehmerin teilt sie Ihnen innerhalb von zwei Wochen nach dem Zugang der Kündigung mit (§ 9 MuSchG). Das Kündigungsverbot gilt bis zum Ablauf von vier Wochen nach der Entbindung.

In Ausnahmefällen kann die für Arbeitsschutz zuständige Behörde Ihre Kündigung dennoch für zulässig erklären, wenn Ihnen z. B. die Zusammenarbeit mit der Arbeitnehmerin nicht mehr zumutbar ist. Bevor Sie diesen Schritt gehen, holen Sie bitte anwaltlichen Rat ein. Während der Schwangerschaft und in den acht bzw. zwölf Wochen nach der Entbindung kann die Arbeitnehmerin allerdings selbst fristlos kündigen.

Schließlich müssen Sie wissen, dass die Arbeitnehmerin freizustellen ist für die gesetzlich vorgesehenen Untersuchungen bei Schwangerschaft und Mutterschaft.

 **Urlaubsanspruch während des Beschäftigungsverbots** § 17 MuSchG stellt klar, dass die Zeiten des Beschäftigungsverbots als Beschäftigungszeiten gelten, zumindest was den Anspruch auf Erholungsurlaub angeht. Urlaub, der wegen eines Beschäftigungsverbots nicht genommen wurde, verfällt nicht, sondern kann nach Wegfall der Verbote noch im nächsten Urlaubsjahr beansprucht werden, ohne dass die Beschränkung des § 7 BUrlG auf die ersten drei Monate des Folgejahres gilt.

# Elternzeit

Seit dem 01.01.2007 gibt es in Deutschland die Elternzeit. Sie ist geregelt in den §§ 15 ff. BEEG (Bundeselterngeld- und zur Elternzeitgesetz). Fast jeder weiß, dass man als Arbeitnehmer maximal drei Jahre »in Elternzeit gehen« kann, dass die Elternzeit in mindestens zwei Abschnitte aufgeteilt werden kann und die Eltern nacheinander von ihrem Recht auf Elternzeit Gebrauch machen können. Viele weitere Einzelheiten sind jedoch unbekannt.

Auch Sie werden in Ihrer Einrichtung auf die eine oder andere Art mit diesem Gesetz in Berührung kommen: Wer macht die Vertretung für Jan, dessen Frau in 16 Wochen »Termin hat«? In welcher Gruppe setze ich Nele ein, die in sechs Wochen aus der Elternzeit zurückkommt?

Auch dieses Gesetz finden Sie schnell im Internet. Werfen Sie ruhig einen Blick hinein. Die ersten 15 Paragrafen werden wohl nur für Ihren Träger interessant sein, da hier die Anspruchsgrundlagen für das Elterngeld genannt werden.

Bevor wir Einzelfragen behandeln, führen wir im Folgenden kurz ein paar grundlegende Regelungsgegenstände auf.

## Anspruch auf Elternzeit

Hierzu müssen Sie wissen, dass wirklich jeder Angestellte Anspruch auf Elternzeit hat. Das gilt auch für Teilzeitkräfte und leitende Angestellte sowie Auszubildende. Bei letzteren ist zu beachten, dass sich deren Ausbildungszeit um die Dauer der Elternzeit verlängert.

Auch Großeltern können Elternzeit beanspruchen, sofern die Eltern noch minderjährig sind oder sich in einer Ausbildung befinden. Und bei Ausfall der Eltern kommen sogar Verwandte bis zum dritten Grad infrage.

Ebenfalls möglich ist, dass beide Eltern gleichzeitig in Elternzeit gehen. Das Kind muss von der Elternzeit begehrenden Person natürlich auch selbst betreut werden; sie darf nicht mehr als 30 Stunden/Woche arbeiten (siehe unten).

### Exkurs: »Kind« im Sinne des BEEG

»Kind« im Sinne des BEEG ist weit zu verstehen und nicht nur biologisch definiert, sodass auch die verpartnerte Greta Elternzeit für das Kind ihrer Lebenspartnerin Erdmute bei Ihnen beantragen kann. Gleiches gilt für Kinder, die mit dem Ziel der Annahme als Kind (Adoption) bei einer Ihrer Kolleginnen oder Kollegen als Pflegekinder aufwachsen. Auch dem Lieblingserzieher Ihrer Einrichtung müssen Sie für sein Kind, das er mit seiner (allerdings nicht mit ihm) verheirateten Freundin hat, Elternzeit gewähren, sofern er schon ein Vaterschaftsanerkenntnis abgegeben hat, das gerichtliche Urteil aber noch nicht vorliegt.

## Beantragung der Elternzeit

Der Antrag auf Elternzeit ist beim Arbeitgeber spätestens sieben Wochen vor Beginn der Elternzeit abzugeben, und zwar schriftlich. Aus dem Schreiben muss erkennbar sein, dass der Arbeitnehmer Elternzeit nehmen möchte. Außerdem muss der Antrag die zeitliche Lage der Elternzeit(-abschnitte) innerhalb der nächsten zwei Jahre benennen.

Ist der Träger einverstanden, bestehen weitere Gestaltungsmöglichkeiten: Die Elternzeit kann z. B. auf mehr als zwei Abschnitte aufgeteilt werden. So könnte ein Teilzeitraum der drei Jahre auf die Zeit vom vierten bis zum achten Lebensjahr übertragen werden.

Nicht ganz eindeutig im Gesetz geregelt ist der »klassische Fall«, dass ein Elternteil nach Ablauf der ersten zwei Jahre Elternzeit sich für weitere zwölf Monate direkt im Anschluss entscheidet. Ob hier das Einverständnis des Arbeitgebers erforderlich ist oder ein gesetzlicher Anspruch auf Verlängerung besteht, lässt sich dem BEEG nicht eindeutig entnehmen. Es spricht jedoch einiges dafür, dass in diesem Fall eine Zustimmung des Arbeitgebers nicht erforderlich ist.

Insgesamt besteht der Anspruch auf Elternzeit bis zur Vollendung des dritten Lebensjahres des Kindes, wobei die Mutterschutzfrist von acht bzw. zwölf Wochen nach der Geburt des Kindes bzw. der Kinder auf die Elternzeit angerechnet wird.

Wenn der Arbeitgeber zustimmt, ist auf Antrag der Eltern jede Form der Verlängerung oder Verkürzung möglich.

## Sonderfälle im Rahmen der Elternzeit

- Die Mutter oder der Vater können, ohne auf die Zustimmung des Trägers angewiesen zu sein, die Verlängerung der Elternzeit verlangen, wenn ein vorgesehener Wechsel fehlschlägt (der Vater beispielsweise nach den ersten sechs Monaten Elternzeit die Mutter ablösen wollte und das aus welchen Gründen auch immer nicht möglich ist) und die Betreuung des Kindes nicht sichergestellt ist.
- Die Elternzeit endet sofort bei Verlust des Sorgerechtes oder bei Auslaufen eines befristeten Arbeitsverhältnisses. Stirbt das Kind, endet die Elternzeit nach einer maximal dreiwöchigen Trauerfrist.

§ 16 Abs. 3 Satz 2 BEEG sieht in zwei bestimmten Fällen vor, dass eine von den Eltern gewünschte Verkürzung nur innerhalb einer Frist von vier Wochen und nur aus dringenden betrieblichen Gründen abgelehnt werden darf:

- bei Geburt eines weiteren Kindes
- wegen eines besonderen Härtefalles (z. B. Eintritt einer schweren Krankheit, Schwerbehinderung oder Tod eines Elternteils oder eines Kindes der berechtigten Person oder bei erheblich gefährdeter wirtschaftlicher Existenz der Eltern nach Inanspruchnahme der Elternzeit)

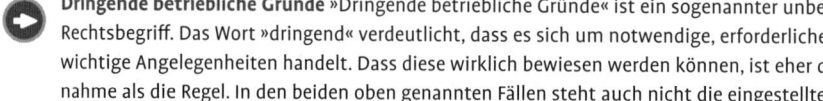 **Dringende betriebliche Gründe** »Dringende betriebliche Gründe« ist ein sogenannter unbestimmter Rechtsbegriff. Das Wort »dringend« verdeutlicht, dass es sich um notwendige, erforderliche oder sehr wichtige Angelegenheiten handelt. Dass diese wirklich bewiesen werden können, ist eher die Ausnahme als die Regel. In den beiden oben genannten Fällen steht auch nicht die eingestellte Ersatzkraft im Wege. Denn der Träger hat hier ein Sonderkündigungsrecht (§ 21 Abs. 4 BEEG).

## Teilzeitarbeit

Vielfältig ausgestaltet sind die Möglichkeiten zur Teilzeitarbeit während der Elternzeit. Bis zu 30 Stunden pro Woche kann während der Elternzeit gearbeitet werden. Das BEEG sieht auch die Möglichkeit vor, während der Elternzeit bis zu fünf Kinder in Tagespflege zu betreuen.

Außerdem ist eine Teilzeittätigkeit bei einem anderen Arbeitgeber oder eine selbstständige Tätigkeit möglich. Hierfür ist jedoch die Zustimmung des Trägers notwendig, die wiederum nur aus dringenden betrieblichen Gründen verweigert werden darf.

 Ein dringender betrieblicher Grund für die Verweigerung der Zustimmung könnte vor allem sein: Der Träger benötigt die Arbeitskraft des frisch gebackenen Vaters, da er aufgrund akuten Personalmangels keine Elternzeitvertretung finden kann.

Einen Anspruch auf Teilzeitarbeit während der Elternzeit kann der bei Ihnen beschäftigte Elternteil in folgenden Fällen geltend machen:

- Bei Ihrem Träger sind in der Regel mehr als 15 Arbeitnehmer angestellt (wobei dabei die Beschäftigtenzahl im Betrieb selbst nicht ausschlaggebend ist und Auszubildende nicht berücksichtigt werden).
- Das Arbeitsverhältnis besteht in demselben Betrieb oder Unternehmen länger als sechs Monate besteht.
- Die vertraglich vereinbarte Arbeitszeit soll für mindestens zwei Monate auf 15 bis 30 Wochenstunden verringert werden.
- Es stehen keine dringenden betrieblichen Gründe entgegen.
- Der Wunsch wurde sieben Wochen vor Beginn schriftlich mitgeteilt.

Lehnen Sie im Namen des Trägers ab oder reagieren Sie nicht innerhalb der vorgesehenen vier Wochen, kann der Elternteil Klage vor dem Arbeitsgericht auf Zustimmung erheben.

 Ein dringender betrieblicher Grund für die Ablehnung könnte z. B. sein, dass der Träger als Ersatz eine Vollzeitkraft eingestellt hat, die ihre Arbeitszeit nicht reduzieren will, ebenso wenig wie andere Mitarbeiter der Einrichtung.

## Auswirkungen der Elternzeit auf das Arbeitsverhältnis

Grundsätzlich spricht man davon, dass während der Elternzeit die gegenseitigen Leistungspflichten von Arbeitgeber und Arbeitnehmer ruhen; d. h., der Vertrag besteht fort, aber der Träger muss keinen Lohn zahlen und der Elternteil nicht zur Arbeit erscheinen.

Was den Urlaub betrifft, so dürften für Sie zwei Regelungen wichtig sein: Zum einen verkürzt sich der Jahresurlaub um 1/12 mit jedem Monat, für den Elternzeit in Anspruch genommen wurde. Zum anderen wird nicht gewährter Urlaub im nächsten Jahr gewährt und eventuell zu viel genommener Urlaub abgezogen. Das gilt natürlich nicht, sofern der Elternteil in Teilzeit weiterarbeitet. In diesem Fall erwirbt er weiterhin Urlaubsansprüche.

Darüber hinaus ist es gut zu wissen, dass Krankheit des Arbeitnehmers die Elternzeit nicht verlängert (es gibt keine dem BUrlG entsprechende Regelung).

## Kündigungsschutz

Während der Elternzeit stehen Ihre Erzieherinnen unter Kündigungsschutz. Dieser beginnt sogar schon ab dem Zeitpunkt der Beantragung der Elternzeit, jedoch maximal acht Wochen vor deren Beginn, und endet zum Ende der Elternzeit. Der Kündigungsschutz gilt auch für Mitarbeiterinnen, die während der Elternzeit in Teilzeit bei Ihnen beschäftigt sind. Entscheiden sich Mitarbeiterinnen, bei einem anderen Arbeitgeber Teilzeitarbeit zu leisten, und stimmt der (Erst-)Arbeitgeber zu, so gilt der Sonderkündigungsschutz des BEEG dort nicht.

Wollen Sie trotzdem kündigen, müssen Sie vorher eine behördliche Genehmigung einholen. Überschneiden sich Elternzeit und Mutterschutz, benötigen Sie sogar zwei Zulässigkeitserklärungen (§ 18 BEEG und § 9 MuSchG).

Möchte ein Elternteil von sich aus das Arbeitsverhältnis während der Elternzeit kündigen, kann er das nur mit einer Frist von drei Monaten zum Ende der Elternzeit.

## Kündigung

Endet ein Arbeitsverhältnis nicht aufgrund von Befristung oder einvernehmlicher Aufhebung, so wird irgendwann einmal eine Kündigung erforderlich sein.

Eine Kündigung ist eine einseitige, empfangsbedürftige Willenserklärung. Da eine Kündigung empfangsbedürftig ist, muss sie dem Adressaten auch tatsächlich zugehen. Dies ist dann der Fall, wenn sie in den Machtbereich des Empfängers gelangt.

> **!** Wenn Sie kündigen, tragen Sie die Beweislast dafür, dass die Kündigung dem Empfänger auch tatsächlich zugegangen ist.

Jede Kündigung im Arbeitsrecht bedarf der Schriftform. § 623 BGB ist hier ganz eindeutig:

> **§** Die Beendigung von Arbeitsverhältnissen durch Kündigung oder Auflösungsvertrag bedürfen zu ihrer Wirksamkeit der Schriftform; die elektronische Form ist ausgeschlossen.
> (§ 623 BGB)

Wie der Paragraf sagt, ist eine elektronische Übermittlung des Kündigungsschreibens nicht zulässig: Eine Kündigung z. B. allein per E-Mail oder Fax ist daher unwirksam.

Grundsätzlich muss eine Kündigung nicht zugleich eine Begründung enthalten. Im Fall einer außerordentlichen Kündigung kann aber gemäß § 626 Abs. 2 Satz 3 BGB der Kündigungsadressat verlangen, dass ihm (nachträglich) die Kündigungsgründe schriftlich mitgeteilt werden. Findet das KSchG Anwendung (siehe unten), sind auf Verlangen des Arbeitnehmers die Gründe anzugeben, die zu der getroffenen sozialen Auswahl geführt haben (§1 Abs. 3 Satz 1, letzter Halbsatz KSchG). Natürlich kann sich die Verpflichtung, einen Grund anzugeben, auch aus dem Tarif- oder Arbeitsvertrag ergeben.

Eine ganz wichtige Ausnahme von der Möglichkeit, grundsätzlich ohne Angabe eines Grundes kündigen zu können, besteht im Fall einer Kündigung gegenüber einem Auszubildenden, denn §22 BBiG (Berufsbildungsgesetz) besagt:

1. Während der Probezeit kann das Berufsausbildungsverhältnis jederzeit ohne Einhalten einer Kündigungsfrist gekündigt werden.

2. Nach der Probezeit kann das Berufsausbildungsverhältnis nur gekündigt werden

  1. aus einem wichtigen Grund ohne Einhalten einer Kündigungsfrist,

  2. von Auszubildenden mit einer Kündigungsfrist von vier Wochen, wenn sie die Berufsausbildung aufgeben oder sich für eine andere Berufstätigkeit ausbilden lassen wollen.

3. Die Kündigung muss schriftlich und in den Fällen des Absatzes 2 unter Angabe der Kündigungsgründe erfolgen.

4. Eine Kündigung aus einem wichtigen Grund ist unwirksam, wenn die ihr zugrunde liegenden Tatsachen dem zur Kündigung Berechtigten länger als zwei Wochen bekannt sind. Ist ein vorgesehenes Güteverfahren vor einer außergerichtlichen Stelle eingeleitet, so wird bis zu dessen Beendigung der Lauf dieser Frist gehemmt.

(§22 BBiG)

Wie aus §22 Abs. 3 BBiG ersichtlich, muss in einer Kündigung nach der ein- bis viermonatigen Probezeit, die vom Arbeitgeber ab diesem Zeitpunkt sowieso nur noch aus wichtigem Grund ausgesprochen werden darf, zwingend der Grund angegeben sein.

**Kündigung im Krankheitsfall** Nicht richtig ist die weitverbreitete Auffassung, dass während des Urlaubs oder einer Arbeitsunfähigkeit nicht gekündigt werden könne. Auch dies ist natürlich möglich.

Vor Ausspruch einer Kündigung sollte weiter geprüft werden, ob für die betreffende Person womöglich ein besonderer Kündigungsschutz besteht. Besonderer Kündigungsschutz besteht unter anderem in folgenden Fällen:

- im Fall der Schwangerschaft und bis zum Ablauf von vier Monaten nach der Entbindung (§9 MuSchG)
- im Fall der Elternzeit ab dem Verlangen nach Elternzeit – höchstens jedoch acht Wochen vor Beginn – und während der Elternzeit (§18 BEEG)
- für schwerbehinderte Menschen, wenn das Arbeitsverhältnis länger als sechs Monate besteht (§§ 85ff. SGB IX)
- für betriebsverfassungsrechtliche Funktionsträger und Einladende zu einer Wahlversammlung

Besteht ein Betriebsrat, so ist dieser im Fall des beabsichtigten Ausspruchs einer Kündigung zu beteiligen. Denn §102 Abs. 1 BetrVG besagt:

Der Betriebsrat ist vor jeder Kündigung zu hören. Der Arbeitgeber hat ihm die Gründe für die Kündigung mitzuteilen. Eine ohne Anhörung des Betriebsrats ausgesprochene Kündigung ist unwirksam. (§ 102 Abs. 1 BetrVG)

## Ordentliche Kündigung

Im Fall der ordentlichen Kündigung ist die Kündigungsfrist zu beachten. Diese kann sich aus Gesetz (§ 622 BGB), Tarifvertrag oder dem Arbeitsvertrag ergeben. Bestehen keine Regelungen in einem anwendbaren Tarifvertrag oder (für den Arbeitnehmer günstigere) in einem Arbeitsvertrag, gelten die Mindestkündigungsfristen des § 622 BGB. Die Grundregel sieht vor, dass beide, also Arbeitnehmer und Arbeitgeber, das Arbeitsverhältnis jeweils mit einer Frist von vier Wochen zum 15. oder zum Ende eines Monats kündigen können. Die Kündigungsfrist für die Kündigung durch den Arbeitgeber verlängert sich jedoch mit zunehmender Dauer der Betriebszugehörigkeit.

 **Dauer des Arbeitsverhältnisses: Kündigungsfrist (für Arbeitgeber)**
2 Jahre: einen Monat zum Ende eines Kalendermonats
5 Jahre: zwei Monate zum Ende eines Kalendermonats
8 Jahre: drei Monate zum Ende eines Kalendermonats
10 Jahre: vier Monate zum Ende eines Kalendermonats
12 Jahre: fünf Monate zum Ende eines Kalendermonats
15 Jahre: sechs Monate zum Ende eines Kalendermonats
20 Jahre: sieben Monate zum Ende eines Kalendermonats

### Der Kündigungsschutz nach dem Kündigungsschutzgesetz

Will ein Arbeitgeber ordentlich kündigen, so muss er – sofern auf den betreffenden Arbeitnehmer anwendbar – den Kündigungsschutz nach dem KSchG beachten.

Das KSchG ist anwendbar, wenn ein Arbeitnehmer länger als sechs Monate in demselben Betrieb oder Unternehmen beschäftigt ist und der Betrieb in der Regel *mehr* als zehn Arbeitnehmer beschäftigt. Hierbei werden Teilzeitbeschäftigte wie folgt berücksichtigt:

- bis einschließlich 20 Stunden pro Woche: 0,50
- bis einschließlich 30 Stunden pro Woche: 0,75
- über 30 Stunden pro Woche (gilt wie eine Vollzeitstelle): 1,0

Die Bestimmung folgt also nicht nach Köpfen, sondern danach, mit wie vielen Stunden pro Woche die einzelnen Arbeitnehmer/innen beschäftigt werden. Für die Anwendung des KSchG reichen mithin rechnerische 10,25 Arbeitnehmer/innen aus. *Nicht* berücksichtigt werden hierbei die zur Ausbildung Beschäftigten

Nach einer alten Regelung bis zum 31.12.2003 genügten für die Anwendbarkeit des KSchG mehr als fünf (mindestens also 5,25) Arbeitnehmer/innen. Hatte ein Arbeitnehmer nach dieser Regelung am 31.12.2003 bereits Kündigungsschutz, so behält er diesen , wenn weiterhin mehr als fünf Arbeitnehmer/innen nach dieser »Altregelung« im Betrieb beschäftigt sind.

**Kleinbetrieb** Erreicht der Betrieb nicht den Schwellenwert zur Anwendbarkeit des KSchG, spricht man von einem sogenannten Kleinbetrieb. Hier ist unter Beachtung der jeweiligen Kündigungsfristen die Kündigung ohne Weiteres möglich. Allerdings darf die Kündigung dennoch nicht willkürlich oder treuwidrig sein. Dies bedeutet, dass auch im Kleinbetrieb weiterhin ein gewisses Maß an sozialer Rücksichtnahme gefordert wird. So darf ein erheblich schutzwürdigerer Arbeitnehmer nicht ohne berechtigte Interessen vor einem weniger schutzwürdigen Arbeitnehmer gekündigt werden, wenn in einem Kleinbetrieb bei einer Kündigung unter mehreren Arbeitnehmer/innen eine Auswahl zu treffen ist.

Das KSchG sieht für eine Kündigung in §1 KSchG drei verschiedene Gründe vor, die im Folgenden näher erläutert werden. :

## Personenbedingte Kündigung

Die Gründe für eine personenbedingte Kündigung liegen in der Person des Arbeitnehmers, die es ihm unmöglich machen, seinen arbeitsvertraglichen Verpflichten vollumfänglich nachzukommen. Anders als das Verhalten sind die personenbedingten Gründe durch den Arbeitnehmer nicht steuerbar. Daher fallen unter den Begriff »Kündigung aus personenbedingten Gründen« auch Kündigungen wegen Krankheit oder z. B. bei sich weiterentwickelnden Anforderungen auch Kündigungen wegen mangelnder Eignung.

Grundsätzlich soll eine Kündigung immer das »letzte Mittel« sei. Daher muss ein Arbeitgeber vor Ausspruch einer ordentlichen Beendigungskündigung (einer Kündigung, mit der das Arbeitsverhältnis endet; siehe auch Änderungskündigung) aus personenbedingten Gründen prüfen, ob der betreffende Arbeitnehmer womöglich auf einem anderen Arbeitsplatz weiterbeschäftigt werden kann.

## Verhaltensbedingte Kündigung

Bei der verhaltensbedingten Kündigung ist das Verhalten des Arbeitnehmers der Grund für die Kündigung. Durch sein Verhalten ist es zu einer Verletzung der arbeitsvertraglichen Pflichten gekommen, die es dem Arbeitgeber unzumutbar machen, an der Fortsetzung des Arbeitsverhältnisses festzuhalten.

Auch hier verlangt das Prinzip des letzten Mittels (Ultima-Ratio-Prinzip) grundsätzlich, dass der betreffende Arbeitnehmer vor Ausspruch einer verhaltensbedingten Änderung abgemahnt worden ist und sich die Abmahnung durch ein wiederholtes Fehlverhalten als wirkungslos erwiesen hat. Ist das Fehlverhalten allein arbeitsplatzbezogen, muss auch geprüft werden, ob die Beschäftigung des Arbeitnehmers auf einem anderen Arbeitsplatz ohne entsprechende Störungen möglich und aussichtsreich ist.

## Betriebsbedingte Kündigung

Bei einer Kündigung aus dringenden betrieblichen Erfordernissen hat eine durch inner- oder außerbetriebliche Umstände motivierte Unternehmerentscheidung zum Wegfall eines Arbeitsplatzes geführt. Die Gründe haben also nichts mit dem Arbeitnehmer selbst zu tun.

Auch hier ist zuvor zu prüfen, ob der Arbeitnehmer nicht auf einem anderen Arbeitsplatz weiterbeschäftigt werden kann.

Ist dies nicht der Fall, muss die jeweilige betriebsbedingte Kündigung noch den Vorschriften der Sozialauswahl nach § 1 Abs. 3 KSchG standhalten, um sozial gerechtfertigt zu sein. Denn hier wird klargestellt, dass eine Kündigung aus dringenden betrieblichen Erfordernissen dennoch sozial ungerechtfertigt sein kann, wenn der Arbeitgeber bei der Auswahl des zu kündigenden Arbeitnehmers folgende Punkte nicht oder nicht ausreichend berücksichtigt hat:

- die Dauer seiner Betriebszugehörigkeit
- sein Lebensalter
- die Unterhaltspflichten
- eine Schwerbehinderung

Für die Sozialauswahl sind somit zunächst die jeweils zu vergleichenden Arbeitnehmer/innen zu ermitteln, damit wiederum derjenige Arbeitnehmer ermittelt werden kann, der am wenigsten schutzwürdig ist.

Ist aber kein anderer Arbeitnehmer mit dem zu kündigenden Arbeitnehmer vergleichbar, erübrigt sich eine Sozialauswahl. Wenn z. B. eine größere Kita nur einen Hausmeister beschäftigt, dessen Arbeitsplatz aufgrund der Vergabe seiner bisherigen Aufgaben an einen externen Dienstleister wegfallen wird und ansonsten nur ausgebildete Erzieherinnen beschäftigt werden, ist dieser Hausmeister natürlich nicht mit den anderen Beschäftigten des Betriebs im Sinne des KSchG vergleichbar, sofern er auch nicht an einem anderen Arbeitsplatz eingesetzt werden kann. Eine Sozialauswahl ist daher in einem solchen Falle nicht geboten.

 **Ausnahme Sozialauswahl** In die Sozialauswahl nach § 1 Abs. 3 KSchG sind aber Arbeitnehmer/innen *nicht* einzubeziehen, deren Weiterbeschäftigung, insbesondere wegen ihrer Kenntnisse, Fähigkeiten und Leistungen oder zur Sicherung einer ausgewogenen Personalstruktur des Betriebs, im berechtigten betrieblichen Interesse liegt.

Steht der Kreis der zu vergleichenden Arbeitnehmer/innen fest, so ist die jeweilige Schutzwürdigkeit anhand der gleichwertigen Kriterien Betriebszugehörigkeit, Alter, Unterhaltspflichten und Schwerbehinderung festzustellen. Auf den hiernach am wenigsten schutzwürdigen Arbeitnehmer muss die Kündigung fallen, um sozial gerechtfertigt zu sein.

## Außerordentliche Kündigung

Mit der außerordentlichen (fristlosen) Kündigung will eine Partei des Arbeitsvertrags das Arbeitsverhältnis ohne Einhaltung der vorgegebenen Kündigungsfrist sofort kündigen. Da die sofortige, also fristlose, Beendigung des Arbeitsverhältnisses naturgemäß für die Gegenseite einen gravierenden Nachteil bedeutet, ist eine außerordentliche Kündigung an strenge Voraussetzungen gebunden. Deshalb regelt § 626 BGB:

§ 1. Das Dienstverhältnis kann von jedem Vertragteil aus wichtigem Grund ohne Einhaltung einer Kündigungsfrist gekündigt werden, wenn Tatsachen vorliegen, auf Grund derer dem Kündigenden unter Berücksichtigung aller Umstände des Einzelfalles und unter Abwägung der Interessen beider Vertragteile die Fortsetzung des Dienstverhältnisses bis zum Ablauf der Kündigungsfrist oder bis zu der vereinbarten Beendigung des Dienstverhältnisses nicht zugemutet werden kann.

[...]

2. Die Kündigung kann nur innerhalb von zwei Wochen erfolgen. Die Frist beginnt mit dem Zeitpunkt, in dem der Kündigungsberechtigte von den für die Kündigung maßgebenden Tatsachen Kenntnis erlangt. Der Kündigende muss dem anderen Teil auf Verlangen den Kündigungsgrund unverzüglich schriftlich mitteilen.
(§ 626 BGB)

Da natürlich nicht jeder denkbare Einzelfall vom Gesetzgeber erfasst werden kann, findet sich in § 626 Abs. 1 BGB eine sogenannte Generalklausel mit unbestimmten Rechtsbegriffen, anhand derer die jeweilige Pflichtverletzung des zu Kündigenden zu prüfen ist. Somit ist vorgegeben, dass

- Tatsachen vorliegen müssen,
- die unter Berücksichtigung aller Umstände des Einzelfalls
- und unter Abwägung aller Interessen beider (!) Vertragspartner die Fortsetzung des Arbeitsverhältnisses bis zum Ablauf einer ordentlichen Kündigungsfrist oder bis zum Ende des Arbeitsverhältnisses im Fall einer Befristung
- nicht zugemutet werden kann.

Daher ist zunächst zu prüfen, ob Tatsachen vorliegen, die an sich geeignet sind, einen wichtigen Grund für eine fristlose Kündigung darzustellen. Wird dies bejaht, ist zu prüfen, ob eine Interessensabwägung im Einzelfall möglicherweise gegen eine außerordentliche Kündigung spricht und die Fortsetzung eventuell doch zumutbar ist.

Hieraus ergibt sich auch, dass es keine absoluten Kündigungsgründe gibt, die per se eine fristlose Kündigung »auslösen«, sondern immer im Einzelfall zu bewerten und zu entscheiden ist. Daher können – müssen aber nicht – folgende Ereignisse wichtige Gründe für eine außerordentliche Kündigung sein:

- Straftaten gegen den Arbeitgeber oder Arbeitskollegen wie Diebstahl, Untreue, Beleidigungen oder Körperverletzung
- unter Umständen Geschäfts- oder Rufschädigung
- sexuelle Belästigungen

Da selbstverständlich auch eine außerordentliche Kündigung immer »das letzte Mittel« sein soll, wird bis auf krasse Sonderfälle von arbeitsvertraglichen Pflichtverletzungen stets eine vorherige wirksame Abmahnung verlangt, bevor es im Wiederholungsfall zu einer außerordentlichen Kündigung kommen soll. Eine Abmahnung ist nach gefestigter Rechtsprechung nur dann nicht erforderlich sein, wenn diese von vornherein nicht als Erfolg versprechend angesehen werden kann oder der Verstoß so besonders schwer ist (vor allem im Vertrauensbereich), dass der Arbeitnehmer sowieso nicht mit der Billigung seines Verhaltens rechnen durfte und ihm klar gewesen sein muss, dass er seinen Arbeitsplatz mit seinem Verhalten gefährdet.

Schlussendlich ist – wie oben anhand des Gesetzeswortlautes dargelegt – für die Wirksamkeit einer außerordentlichen Kündigung noch die Kündigungserklärungsfrist des § 626 Abs. 2 BGB zu beachten.

 **Innerhalb einer Ausschlussfrist von zwei Wochen nach Kenntnis des Pflichtenverstoßes muss mittels fristloser Kündigung gehandelt werden!**

Der zur außerordentlichen Kündigung Berechtigte soll sich entscheiden und sich die fristlose Kündigung nicht für einen späteren Zeitpunkt »aufsparen«. Handelt er nicht innerhalb der vorbenannten zwei Wochen, so erlischt sein Recht zum Ausspruch einer fristlosen Kündigung. Ihm bleibt dann (nur) noch die Möglichkeit, dass Fehlverhalten (gegebenenfalls erneut) abzumahnen oder eine ordentliche Kündigung auszusprechen.

Ein Sonderfall ist die sogenannte Verdachtskündigung. Hier besteht nur der Verdacht einer Straftat oder eines besonders schweren Pflichtenverstoßes. Auch dies kann im Einzelfall einen besonders wichtigen Grund für eine außerordentliche Kündigung darstellen. Denn hier ist es gerade der Verdacht, der das Vertrauen in die Redlichkeit zerstört und/oder zu einer unerträglichen Belastung des Arbeitsverhältnisses geführt hat und daher die Fortsetzung unzumutbar macht. Will sich der Arbeitgeber zu einer Verdachtskündigung entschließen, muss er jedoch zuvor dem Arbeitnehmer zwingend die Möglichkeit zur Stellungnahme einräumen.

## Änderungskündigung

Eine Änderungskündigung liegt vor, wenn das bisherige Arbeitsverhältnis gekündigt und zugleich die Fortsetzung unter anderen Bedingungen angeboten wird. Hinsichtlich des bisherigen Arbeitsverhältnisses liegt eine Beendigungskündigung vor. Denn lehnt der Arbeitnehmer das Angebot der Fortsetzung unter anderen Vertragsbedingungen ab und klagt auch nicht erfolgreich gegen die Kündigung, so endet sein Arbeitsverhältnis zum Kündigungszeitpunkt.

Nimmt der Arbeitnehmer dagegen das Angebot an, wird das Arbeitsverhältnis unter den geänderten Bedingungen fortgesetzt. Schlussendlich hat im Fall der Änderungskündigung und der Anwendbarkeit des KSchG der Arbeitnehmer, der auf keinen Fall die Beendigung des Arbeitsverhältnisses riskieren will, die Möglichkeit, die geänderten Vertragsbedingungen unter dem Vorbehalt der sozialen Rechtfertigung (zunächst) anzunehmen und zugleich die Änderung mittels Klage gerichtlich überprüfen zu lassen. Es besteht dann die Chance, dass ein Gericht die Änderungskündigung als sozial ungerechtfertigt erachtet, sodass der Arbeitnehmer zu seinen ursprünglichen Vertragsbedingungen weiter zu beschäftigen ist.

## Klage gegen eine Kündigung

Für die Erhebung einer Klage gegen eine Kündigung ist die Klagefrist von drei Wochen von einem Arbeitnehmer auf jeden Fall zu beachten. § 4 KSchG (Anrufung des Arbeitsgerichts) bestimmt:

 Will ein Arbeitnehmer geltend machen, dass eine Kündigung sozial ungerechtfertigt oder aus anderen Gründen rechtsunwirksam ist, so muss er innerhalb von drei Wochen nach Zugang der schriftlichen Kündigung Klage beim Arbeitsgericht auf Feststellung erheben, dass das Arbeitsverhältnis durch die Kündigung nicht aufgelöst ist.
(§ 4 KSchG)

Dies gilt auch im Kleinbetrieb. Wird die Drei-Wochen-Frist versäumt und liegt auch kein Grund für die Zulassung verspäteter Klagen vor, so gilt die Kündigung als von Anfang an rechtswirksam (§ 7 KSchG).

# Arbeitszeugnis

Zum Zeugnisanspruch regelt § 109 GewO (Gewerbeordnung) folgende Punkte:
- Ein Arbeitnehmer hat bei Beendigung eines Arbeitsverhältnisses Anspruch auf ein schriftliches Zeugnis.
- die Erteilung des Zeugnisses in elektronischer Form ist nicht zulässig.
- Das Zeugnis muss mindestens Angaben zu Art und Dauer der Tätigkeit enthalten (einfaches Zeugnis).
- Der Arbeitnehmer kann verlangen, dass sich die Angaben darüber hinaus auf Leistung und Verhalten im Arbeitsverhältnis (qualifiziertes Zeugnis) erstrecken.
- Das Zeugnis muss klar und verständlich formuliert sein.

Infolge des letzten Punktes, die geforderte Klarheit und Verständlichkeit, dürfen daher (eigentlich) im Zeugnistext keine formalen Merkmale oder Formulierungen auftauchen, die der Gesamtaussage über den Arbeitnehmer widersprechen. Was für die Merkmale noch relativ leicht zu beachten ist (das Zeugnis darf nicht gefaltet, zerknittert oder beschmutzt sein, selbst wenn der Zeugnistext ein »sehr gut« ausweist), so wird die zweite Anforderung durch die allseits bekannten Zeugniscodes de facto ad absurdum geführt. Denn grundsätzlich soll verhindert werden, dass Formulierungen gewählt werden, die auf den ersten Blick sehr positiv sind, sich auf den zweiten allerdings sehr nachteilig für den ausscheidenden Arbeitnehmer darstellen (»Sie bemühte sich sehr« oder »Wir wünschen ihr viel Glück für ihren weiteren Berufsweg« – denn sie wird es brauchen).

Wird dies nicht beachtet, so hat ein Arbeitnehmer einen Zeugnisberichtigungsanspruch, der auch gerichtlich durchgesetzt werden kann.

**Exkurs: Sonderfall Ausbildungszeugnis**

Für Auszubildende beinhaltet §16 BBiG (Berufsbildungsgesetz) eine gesonderte Regelung zum Zeugnisanspruch. Hier ist bei Beendigung des Berufsausbildungsverhältnisses ein schriftliches Zeugnis auch ohne ein entsprechendes Verlangen auszustellen.

Hat dabei der Ausbildende, d.h. der Arbeitgeber in Person, die Berufsausbildung nicht selbst durchgeführt, so soll auch die Ausbilderin oder der Ausbilder das Zeugnis unterschreiben. Unterzeichnen müssen also die Personen, die tatsächlich ausgebildet haben und nicht nur die Personalverantwortliche. In der Kita muss daher ein Zeugnis einer in Ausbildung befindlichen Erzieherin nicht nur der Trägerverantwortliche, sondern auch die Leitung der Einrichtung und gegebenenfalls die Gruppenleitung unterschreiben.

Inhaltlich muss das Zeugnis eines Auszubildenden Angaben enthalten über Art, Dauer und Ziel der Berufsausbildung sowie über die erworbenen beruflichen Fertigkeiten, Kenntnisse und Fähigkeiten. Der Auszubildende kann außerdem verlangen, dass Angaben über Verhalten und Leistung im Zeugnis aufgenommen werden.

 Diese Regelung zum Zeugnisanspruch von Auszubildenden gilt auch für Personen, die eingestellt wurden, um berufliche Fertigkeiten, Kenntnisse, Fähigkeiten oder berufliche Erfahrungen zu erwerben, ohne dass es sich um eine Berufsausbildung im Sinne des BBiG gehandelt hat (§26 BBiG). Dies betrifft somit Praktikanten und Volontäre, nicht allerdings Studenten, bei denen das Praktikum Bestandteil der Ausbildung ist.

## Wann muss ein Zeugnis erteilt werden?

Wie bereits oben dargelegt muss ein Ausbildungszeugnis dem Auszubildenden bei Beendigung des Ausbildungsverhältnisses ausgehändigt werden. Ein Arbeitnehmer dagegen muss ein (einfaches oder qualifiziertes) Zeugnis aktiv verlangen. Von selbst muss ein Arbeitgeber ein Zeugnis nicht erteilen. Fällig ist der Zeugnisanspruch mit Beendigung des Arbeitsverhältnisses. Weiter hat ein Arbeitnehmer einen Anspruch auf Erteilung eines Zwischenzeugnisses, z.B. während der Kündigungsfrist, wenn das Arbeitsverhältnis noch andauert. Gleiches gilt bei Erhebung der Kündigungsschutzklage durch den Arbeitnehmer. Der Grund dafür ist, dass bei einem Zwischenzeugnis für den Leser nicht ersichtlich ist, dass das Arbeitsverhältnis gekündigt ist. Der Arbeitnehmer hat dadurch höhere Bewerbungschancen, da er sich aus einem ungekündigten Arbeitsverhältnis bewirbt.

Ein Zwischenzeugnis kann z.B. auch dann verlangt werden, wenn die Person, die für die Beurteilung verantwortlich ist, das Unternehmen verlässt und daher zu einem späteren Zeitpunkt nicht mehr für die Erstellung eines Zeugnisses zur Verfügung stünde.

Insbesondere bei qualifizierten Zeugnissen, also Zeugnissen, die sich auch auf Leistung und Verhalten im Arbeitsverhältnis erstrecken (siehe unten), gelten sowohl die Grundsätze der Zeugniswahrheit als auch der wohlwollenden Beurteilung. Beide Grundsätze lassen sich manchmal nur schwer gleichzeitig realisieren. Daher wird im Einzelfall über Zeugnisformulierungen zwangsläufig gestritten.

**Checkliste** Arbeitszeugnis

Beim Verfassen eines Arbeitszeugnisses ist auf folgende Punkte zu achten:

- ordnungsgemäßer Briefkopf, gegebenenfalls auf Geschäftspapier
- hinreichende Papierqualität
- saubere und ordentliche Erscheinung des Schriftbildes
- keine Hervorhebungen oder Streichungen
- Angabe des Grundes für die Beendigung des Arbeitsverhältnisses – zumindest auf Verlangen des Arbeitnehmers
- eigenhändige Unterschrift des Ausstellers

## Qualifiziertes Zeugnis

Das qualifizierte Zeugnis zeichnet sich dadurch aus, dass hier sowohl die einzelnen Leistungen als auch abschließend die Gesamtleistung des Arbeitnehmers beurteilt und somit »sprachlich benotet« werden. Dies bedeutet, dass der sprachlichen Beurteilung der einzelnen Leistungen (z. B. Fachwissen bzw. -können, Auffassungsgabe, Weiterbildung, Denk- und Urteilsfähigkeit, Leistungsbereitschaft und Belastbarkeit, Zuverlässigkeit, Arbeitserfolg) tatsächlich jeweils die gängigen Schulnoten (1 bis 6) entsprechen. Eine sehr gute Leistung wird daher in einem Zeugnis häufig mit der Formel »stets zu unserer vollsten Zufriedenheit« belohnt, während bei einer völlig ungenügenden Urteilsfähigkeit sich der Arbeitnehmer nur »bemühte, seine Urteilsfähigkeit einzusetzen«. Letztere sprachliche Wendung ist dabei dem Grundsatz der wohlwollenden Beurteilung geschuldet.

Immer wieder gibt es Streit um die Schlussformel (Danksagung, Wünsche für die Zukunft) in qualifizierten Zeugnissen. Hier ist wichtig zu wissen, dass es keinen gesetzlichen Anspruch auf eine Schlussformel gibt, auch wenn eine solche oftmals üblich ist. Verwendet ein Arbeitgeber eine Schlussformel, so muss diese hinsichtlich ihrer sprachlichen Wertung mit den zuvor im Zeugnis erteilten Leistungsbeurteilungen übereinstimmen. Mit einer Schlussformel dürfen somit nicht vermeintlich gute Leistungen am Ende wieder entwertet werden. Hier finden Sie zwei exemplarische Formulierungen einer Schlussformel, eine positive und eine eher negative.

 Auf eigenen Wunsch verlässt Frau S. Müller zu unserem großen Bedauern Ende ... unseren Träger. Wir verlieren mit ihr eine hervorragende Leitungskraft. Wir danken ihr für ihre stets außerordentlich guten Leistungen und wünschen ihr für ihre berufliche und private Zukunft alles Gute und weiterhin viel Erfolg.

Auf eigenen Wunsch verlässt Frau F. Schmidt unsere Einrichtung mit dem heutigen Tage.

# Aufsichtspflicht und Haftung

## Hinführung

In diesem Kapitel erläutern wir die Zusammenhänge zwischen der elterlichen Sorgeverpflichtung und Ihrer Aufsichtspflicht und zeigen auf, welche rechtlichen Vorgaben zur Aufsichtspflicht Sie beachten müssen. Dabei beantworten wir z. B. folgende Fragen: Wie hoch ist das Risiko, sich (elterlichen) Schadensersatzansprüchen ausgesetzt zu sehen, tatsächlich? Welche besonderen Aufgaben habe ich als Leitung und Trägervertretung, um eine angemessene Erfüllung der Aufsichtspflicht zu gewährleisten? Wie lange darf ich Kinder unbeaufsichtigt spielen lassen?

 **Relevante Gesetze im Bereich Aufsichtspflicht und Haftung** Hier finden Sie die wichtigsten Gesetze und deren Abkürzungen, die es im Bereich Aufsichtspflicht und Haftung zu beachten gilt. Auf diese nehmen wir im Folgenden immer wieder Bezug:
o Bürgerliches Gesetzbuch (BGB)
o Sozialgesetzbuch VII: Gesetzliche Unfallversicherung (SGB VII)
o Infektionsschutzgesetz (InfSchG, IfSG)
o Biostoffverordnung (BioStoffV)

Der rechtliche Themenbereich Aufsichtspflicht und Haftung ist für viele unserer Mandant/innen und Seminarteilnehmer/innen der am meisten mit Angst besetzte. Als Erzieherin stehe man wegen der hohen Verantwortung, die die Beaufsichtigung von Kindern mit sich bringt, und der vielerorts eher dünnen Personalausstattung meist »mit einem Bein im Gefängnis«. Mit einer klaren Sicht auf die gesetzlichen Anforderungen kann hier jedoch viel Entspannung erreicht werden. Grundsätzlich bewegt sich Ihre Arbeit stets im Spannungsfeld von Aufsichtspflicht und dem gesetzlich verordneten Auftrag, die Kinder zu selbstständigen gemeinschaftsfähigen Wesen zu erziehen.

Einleitend wollen wir ein Missverständnis zum Betreuungsschlüssel aufklären, das aus einem falschen Verständnis der Kita-Gesetze der Länder herrührt: Für die Frage der ordnungsgemäßen Aufsichtsführung sind die dort aufgeführten Vorgaben zum Betreuungsschlüssel nicht maßgeblich. Diese haben rein pädagogische (und/oder wirtschaftliche) Hintergründe. Wenn also das Kita-Gesetz Ihres Bundeslandes einen Schlüssel von zwei Erzieherinnen auf 15 vierjährige Kinder vorsieht, an manchen Tagen krankheitsbedingt aber nur eine Erzieherin mit den Kindern zusammen ist, laufen Sie nicht Gefahr, allein wegen Unterschreitung des gesetzlichen Schlüssels eine Aufsichtspflichtverletzung zu begehen.

 **Faustregel Aufsichtspflicht** Wir möchten Ihnen zugleich eine Regel auf den Weg geben, die Sie bei allen Erwägungen zur Aufsicht heranziehen können. Diese hat der Bundesgerichtshof (unter anderem Urteil vom 24.03.2009 – VI ZR 199/08) vorgegeben. Der Maßstab der Aufsichtspflicht bemisst sich danach, was ein verständiger Aufsichtspflichtiger nach vernünftigen Anforderungen im konkreten Fall unternehmen [muss], um Schädigungen Dritter durch das Kind [oder des Kindes] zu verhindern.

Ergänzt wird diese Regel durch eine Entscheidung des OLG Dresden (Urteil vom 04.12.1996 – 6 U 1393/96):

[...] den Aufsichtspflichtigen ist ein gewisser Freiraum für vertretbare pädagogische Maßnahmen zu belassen.

Das heißt im Klartext: Ihre Entscheidung, Kinder zeitweilig unbeaufsichtigt zu lassen, ist vom Gesetzgeber grundsätzlich gewünscht und nur dann angreifbar, wenn Sie dabei »keinen Gebrauch von Ihrem gesunden Menschenverstande gemacht haben«.

Im Folgenden haben wir für Sie zusammengestellt, was dieser Grundsatz für Sie im Einzelnen bedeutet.

## Übertragung der Aufsichtspflicht

Die Aufsichtspflicht für ein Kind ist als Teil der Sorgeverpflichtung in der Verantwortung der Eltern (§§ 1626, 1631, 832 Abs. 1 BGB). Diese übertragen die Verantwortung mit schriftlichem Vertrag auf Ihren Träger (§ 832 Abs. 2 BGB), der diese wiederum über den Arbeitsvertrag auf Sie und Ihr Team überträgt.

Als Leitung trifft Sie im Bereich der Aufsichtspflicht vor allem eine organisatorische Verantwortung, der Sie gerecht werden, indem Sie

- die Aufsichtsführung organisieren, sodass die Kinder ordnungsgemäß beaufsichtigt werden, z. B. durch die Erstellung von Dienstplänen;
- Ihre Mitarbeiterinnen anweisen, beraten und kontrollieren, ob Anweisungen eingehalten werden;
- überprüfen, ob die zur Beaufsichtigung der Kinder eingesetzten Personen hierfür geeignet (und qualifiziert) sind.

Für viele stellt sich an dieser Stelle immer wieder die Frage, ob sie einem Elternteil oder – was noch häufiger vorkommt – einer Praktikantin Verantwortung für einen Teil der Kinder übergeben können

---

 **Checkliste Übertragung der Aufsichtspflicht**

Wenn Sie sich an dieser Checkliste orientieren, sind Sie bei der Übertragung der Aufsichtspflicht auf der sicheren Seite:
- Liegt bei ihr/ihm entsprechende Erfahrung/Zuverlässigkeit vor?
- Haben Sie sie/ihn auch im Alltag ausreichend beobachtet und hat sie/er sich bewährt, also als zuverlässig herausgestellt?
- Haben Sie sie/ihn richtig eingearbeitet? Das heißt:
  - Gab es eine Aufklärung über Gefahrenquellen?
  - Haben Sie Gespräche über die Kinder/Gruppen geführt?
  - Ist sie/er bereit, Ihre Anweisungen zu befolgen?
- Haben Sie die Mütter/Väter darauf hingewiesen, dass sie sich nicht nur um ihr eigenes Kind kümmern können?
- Bestehen Sie bei Personen, die über einen längeren Zeitraum bei Ihnen tätig sein werden (z. B. auch 1,50-Euro-Kräfte), auf einem polizeilichen Führungszeugnis (§ 72a Abs. 1 SGB VIII).

Bei einem Verstoß gegen die Aufsichtspflicht – also bei nicht ausreichender Anleitung und Kontrolle – könnte Ihnen von einem Gericht ein sogenanntes Organisationsverschulden vorgeworfen werden. Dann werden Sie möglicherweise neben der ihre Aufsichtspflicht verletzenden Mitarbeiterin zur Verantwortung gezogen.

Bei sehr hohem Krankenstand müssen Sie also nach Rücksprache mit Ihrem Träger im Zweifel die Einrichtung schließen, wenn Ihrer Einschätzung nach eine verantwortungsvolle Beaufsichtigung der Kinder nicht mehr gewährleistet ist.

## Beginn und Ende der Aufsichtspflicht

Ein unproblematischer Fall, der den Beginn und das Ende Ihrer Aufsichtspflicht beschreibt: Das Kind wird Ihnen am Morgen von einem Elternteil übergeben – vielleicht wechseln Sie dabei ein paar Worte, fragen, wie es dem Kind geht, ob es gut geschlafen hat. Am Nachmittag wird das Kind dann von einem Elternteil abgeholt, dabei halten Sie ein kurzes Tür- und Angelgespräch über besondere Vorkommnisse.

Aber was ist in folgenden Fällen zu tun?

o *Das Kind kommt zu früh, also vor Beginn der vereinbarten Betreuungszeit:* Wenn Sie das Kind sehen, müssen Sie es betreuen – es ist dabei unerheblich, ob Ihre Einrichtung nun bereits geöffnet hat oder nicht. Auf der vertraglichen Ebene können Sie bzw. kann Ihr Träger hier bei wiederholtem Auftreten die Verletzung einer Pflicht aus dem Betreuungsvertrag gegenüber den Eltern rügen und bei weiteren Wiederholungen gegebenenfalls den Vertrag kündigen.

o *Die Eltern erscheinen am Ende der Betreuungszeit nicht:* Hier bleibt Ihnen nichts anderes übrig, als zu warten und Ihren Träger auf der vertraglichen Ebene auf eine Verhaltensänderung bei den Eltern hinwirken zu lassen (z. B. durch eine Abmahnung, die Abrechnung einer zusätzlichen Betreuungszeit, bei wiederholtem Zuspätkommen gegebenenfalls Kündigung). Es macht somit Sinn, schon im Betreuungsvertrag zusätzliche Entgelte für eine Überziehung der Betreuungszeit zu vereinbaren und darauf hinzuweisen, dass verspätetes Abholen (sowie zu frühes Bringen der Kinder) einen Verstoß gegen den Vertrag darstellt, der bei gehäuftem Auftreten zu einer Kündigung des Vertrags seitens des Trägers berechtigt.

o *Die Eltern wünschen, dass das Kind allein nach Hause geht:* Prinzipiell müssen Sie sich nach diesem Wunsch richten. In Ihrer Verantwortung liegt es, das Kind zur richtigen Zeit auf den Nachhauseweg zu schicken. Sollten Sie aber feststellen, dass das Kind etwa gesundheitlich angeschlagen, psychisch durch ein Ereignis zu Hause oder im Kindergarten aufgewühlt ist, ungewöhnliche Witterungsbedingungen bestehen oder der Nachhauseweg durch Bauarbeiten oder Ähnliches verändert ist, dann sollten Sie sich weigern und die Eltern auffordern, ihr Kind bei Ihnen abzuholen oder abholen zu lassen.

Bei Veranstaltungen wie Sommerfesten, die nicht zum üblichen Betrieb des Kindergartens gehören, kann bei den Eltern Unklarheit bestehen, ob sie oder die Mitarbeiterinnen der Einrichtung für ihre Kinder »zuständig«, also aufsichtspflichtig, sind. Deshalb ist es wichtig, dass die Leitung der Einrichtung Klarheit schafft. Hierfür ist es ausreichend, wenn im Betreuungsvertrag darauf hingewiesen wird, dass bei Veranstaltungen, an denen die Eltern teilnehmen, die Aufsichtspflicht bei ihnen verbleibt. Einen derartigen Hinweis im Rahmen der Einladung zu der Veranstaltung zu wiederholen oder im Haus auszuhängen, ist ebenfalls zu empfehlen.

Eine Ausnahme stellen Zeiten dar, während derer Erzieherinnen mit den Kindern Theatervorstellungen und Ähnliches aufführen oder diese an einem Ort proben, der für die Eltern nicht einsehbar ist. Hier liegt die Aufsichtspflicht bei den Mitarbeiterinnen. Ist eine solche Veranstaltung allerdings beendet, geht die Aufsichtspflicht wieder auf die Eltern über. Um

Missverständnisse zu vermeiden, ist es sinnvoll, sich nach dem »Fallen des Vorhangs« kurz an die Eltern zu wenden und mit ein paar Worten die Aufsicht wieder auf diese zu übertragen.

Der Schutz der gesetzlichen Unfallversicherung greift auch bei diesen besonderen Veranstaltungen, zumindest für die Kinder und die Erzieherinnen. Für Eltern besteht dieser nur, sofern sie in die Veranstaltung organisatorisch eingebunden sind.

## Art und Umfang der Aufsichtspflicht

Leider, oder vielleicht auch eher zum Glück, hat sich der Gesetzgeber gegen eine detaillierte Regelung der Anforderungen an eine »perfekte Ausübung der Aufsicht« entschieden. Zu unterschiedlich sind einfach die Gegebenheiten, unter denen Erziehung von Kindern stattfindet.

Da Kindertagesstätten vertraglich einen Teil der Personensorge übernehmen, gelten für Sie im Wesentlichen die gleichen Maßstäbe wie für die Eltern der Kinder.

Grundsätzlich haben Sie Ihre Mitarbeiterinnen im Rahmen der Erstellung der Dienstpläne so einzusetzen, dass eine der Situation und dem Entwicklungsstand des Kindes angemessene Aufsicht gewährleistet ist – also das Verhältnis von Vermeidung von Schäden zu Möglichkeiten der Selbstständigkeit eines Kindes austariert ist Dabei sind folgende Kriterien von Ihnen in Ihre Erwägungen einzubeziehen:

- Person des Kindes, Entwicklungsstand, geistige und seelische Reife
- Gruppenverhalten, Gruppendynamik
- Gefährlichkeit der Aktivität, die mit den Kindern unternommen wird (hier sind bei Ausflügen gegebenenfalls vorherige Erkundungsgänge und klare Absprachen mit den Kindern erforderlich)
- örtliche Bedingungen (auch hier empfiehlt sich ein Erkundungsrundgang und Absprachen mit den Kindern)
- Gruppengröße (gegebenenfalls bei Ausflügen Eltern hinzuziehen)
- Zumutbarkeit (Kinder brauchen Freiräume, daher ist eine ununterbrochene Beaufsichtigung weder erforderlich noch zumutbar; außerdem steht Ihnen – möglicherweise auch krankheitsbedingt – nur ein begrenztes Personalkontingent zur Verfügung)

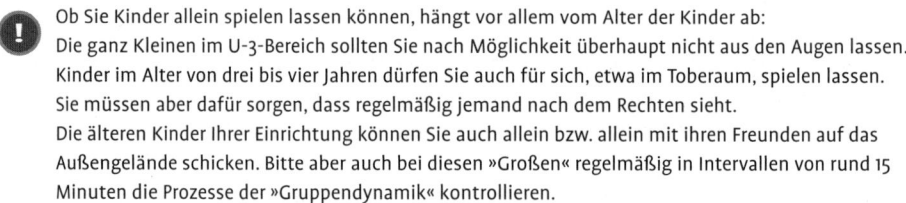

Ob Sie Kinder allein spielen lassen können, hängt vor allem vom Alter der Kinder ab:
Die ganz Kleinen im U-3-Bereich sollten Sie nach Möglichkeit überhaupt nicht aus den Augen lassen. Kinder im Alter von drei bis vier Jahren dürfen Sie auch für sich, etwa im Toberaum, spielen lassen. Sie müssen aber dafür sorgen, dass regelmäßig jemand nach dem Rechten sieht.
Die älteren Kinder Ihrer Einrichtung können Sie auch allein bzw. allein mit ihren Freunden auf das Außengelände schicken. Bitte aber auch bei diesen »Großen« regelmäßig in Intervallen von rund 15 Minuten die Prozesse der »Gruppendynamik« kontrollieren.

Immer wieder wird Ihre Einrichtung auch »Besuch« bekommen. Je nach Besucher variiert Ihre Verantwortlichkeit.

»Ehemalige Kinder«, die auf Besuch im Kindergarten vorbeikommen, oder Geschwister, die ihren Bruder oder ihre Schwester abholen wollen, sind nicht über die gesetzliche Unfallversicherung versichert. Ihnen obliegt auch nicht die Aufsichtspflicht im Sinne der elterlichen Sorge. Gerade weil Versicherungsschutz nicht besteht, sollten Sie dennoch stets ein Auge auf diese Kinder haben und sie vor allem so schnell wie möglich wieder nach Hause schicken. Denn: Kommt es hier zu Verletzungen, kann sogar eine Verantwortung des Trägers in Betracht gezogen werden, wenn die Verletzung einer Verkehrssicherungspflicht (siehe unten) festgestellt werden sollte.

Mit Blick auf den Schutz der gesetzlichen Unfallversicherung stellt sich die Situation für Kinder, die einen Tag in Ihrem Kindergarten verbringen, anders dar. Sie sollen Kita-Luft schnuppern und werden daher in den pädagogischen Tagesablauf integriert und besuchen somit im Sinne des § 2 Abs. 1 Nr. 8a SGB VII eine Kindertageseinrichtung. Im Sinne aller Beteiligten sollten Sie für derartige Fälle eine kurze schriftliche Vereinbarung mit den Eltern aufsetzen.

## Verkehrssicherungspflichten

Jeder, der in seinem Verantwortungsbereich eine Gefahrenlage schafft bzw. vorfindet – z. B. bei Aktivitäten mit Klettergerüsten, Rutschen, Schaukeln –, hat Vorkehrungen zu treffen, die so weit wie möglich ausschließen, dass jemand bei der Benutzung des Geräts zu Schaden kommt, sofern bestimmungsgemäßer Gebrauch vorliegt.

Der Gesetzgeber fordert dabei nichts Unmögliches von Ihnen, sondern lediglich das, was ein umsichtiger Erwachsener unter den konkreten Umständen tun würde, um zu verhindern, dass sich ein Kind verletzt.

## Kontrolle der Spielgeräte

Diese Pflicht gilt insbesondere für die Spielgeräte auf Ihrem Außengelände. Was hier von Ihnen erwartet wird, ist in den europäischen Normen DIN EN 1176 und 1177 klar definiert. Täglich bis wöchentlich haben Sie per Sichtkontrolle die Schaukel, die Wippe und das Klettergerüst auf offensichtliche Mängel mit Verletzungspotenzial zu kontrollieren. Im monatlichen bis vierteljährlichen Turnus sollten Sie eine sogenannte operative Kontrolle durchführen, also alle Geräte ausprobieren und dabei auf Verschleiß und Stabilität achten. Diese Kontrollen können Sie oder Ihre Mitarbeiterinnen nach einer entsprechenden Schulung übernehmen. Solche werden unter anderem von den Technischen Überwachungsvereinen (siehe z. B. www.tuev-sued.de) angeboten.

Die jährliche Hauptinspektion muss von einem Sachverständigen durchgeführt werden. Hierfür wenden Sie sich bitte an den zuständigen TÜV oder ähnliche Unternehmen in Ihrer Umgebung.

## Ausflüge mit Privat-Pkw von Eltern

Wenn Sie mit Ihren Kindern einen Ausflug unternehmen und dabei auf Privatautos einiger Eltern zurückgreifen, kommen Sie Ihren Verkehrssicherungspflichten nach, wenn Sie Folgendes berücksichtigen:

- Sie bitten die Eltern in dem Elternbrief, der über den Ausflug informiert, einen Kindersitz für ihr Kind mitzubringen und ihr schriftliches Einverständnis zu der Mitnahme zu erklären (diesen Brief nehmen Sie zu den Akten).
- Sie weisen vor der Abfahrt darauf hin, dass alle Kinder ordnungsgemäß angeschnallt sein müssen und Sie sich durch einen kurzen Blick in die Autos vergewissern, dass diese Anweisung ausgeführt wurde.

 **Verweis auf gesetzliche Unfallversicherung** Die Bereitschaft zu Fahrdiensten wird bei Eltern sicherlich durch das Wissen erhöht, dass sie und die von ihnen chauffierten Kinder (selbstverständlich) durch die gesetzliche Unfallkasse versichert sind. Weitergehende Ansprüche wie Schmerzensgeld- und Ersatzansprüche wegen möglicherweise bei den Kindern entstandenen Sachschadens sind auf jeden Fall von einer der beteiligten Pkw-Haftpflichtversicherungen gedeckt. Daher müssen die Eltern weder auf einen Ausschluss ihrer Haftung bestehen noch zusätzlich eine Insassenunfallversicherung abschließen. Lediglich für selbstverschuldete Schäden am Pkw der Eltern kommt nur eine eventuell bestehende Vollkaskoversicherung der Eltern auf. Am besten weisen Sie die Eltern in einem Elternbrief auf diese Sachlage hin.

## Brandschutz

Brandschutz fällt ebenfalls unter die Verkehrssicherungspflichten. Die DIN 14096 verlangt das Erstellen einer Brandschutzordnung für Ihre Einrichtung. Inhaltlich fordert die

DIN 14096 das Aushängen von Verhaltensregeln im Falle eines Brandes zusammen mit einem Fluchtwegeplan für alle Personen, die sich im Gebäude aufhalten (Teil A). In Teil B muss das Verhalten Ihrer Mitarbeiterinnen bei Feuer im Gebäude geregelt sein, d. h., es muss aus den Hinweisen hervorgehen, wie sie zu einer möglichst schnellen Evakuierung beitragen können (ein Muster einer Brandschutzordnung findet sich im Anhang).

Diese Aufgabe wird üblicherweise von Ihrem Träger übernommen. Prüfen Sie aber bitte nach, ob dieser Pflicht Genüge getan wurde. Sollte das nicht der Fall sein oder man Sie mit dieser Aufgabe beauftragen, setzen Sie sich mit der örtlichen Feuerwehr und/oder dem örtlichen Brandschutzbeauftragten in Verbindung und nutzen Sie deren Know-how. Die Kontrolle der Feuerlöscher in Ihrer Einrichtung sollten Sie einer darauf spezialisierten Firma übertragen.

Sprechen Sie die festgelegten Punkte regelmäßig (mindestens jährlich) mit Ihren Mitarbeiterinnen durch und üben Sie regelmäßig den Ernstfall. Für Brandschutzübungen mit den Kindern gibt es verschiedene Dienstleistungsunternehmen, die auf Kindertagesstätten spezialisiert sind (z. B. www.brandmauer-nord.org).

## Infektionsschutz

Die Überwachung der Vorgaben des § 36 Infektionsschutzgesetz obliegt ebenfalls der Leitung der Kita. Das für Sie zuständige Gesundheitsamt überprüft die Einhaltung der Hygienevorschriften. Setzen Sie sich daher am besten mit diesem in Verbindung und lassen Sie sich dort bei der Aufstellung eines Reinigungs- und Desinfektionsplanes beraten.

Die Eltern von Kindern, die neu in Ihre Einrichtung aufgenommen werden, müssen Sie nach § 34 InfSchG (Infektionsschutzgesetz) als Leitung über die Pflicht belehren, die Kita unverzüglich über die Erkrankung ihres Kindes oder über den Verdacht einer Erkrankung an einer meldepflichtigen Krankheit zu informieren. (Einen Vorschlag für einen Belehrungsbogen, den Sie Eltern mitgeben können, finden Sie im Anhang, umfangreiche Informationen auf den Seiten des Robert-Koch-Instituts www.rki.de.)

Zu den Krankheiten, die am häufigsten im Kindergarten auftreten, zählen Masern, Mumps, Läuse, Keuchhusten, Windpocken und Scharlach. Eine Infektion mit einer dieser oder weiterer im Belehrungsbogen aufgeführten Krankheiten führt zu einem Verbot des Besuchs Ihrer Kita. Erst wenn nach ärztlichem Urteil feststeht, dass eine Ansteckung nicht mehr zu befürchten ist, dürfen die Kinder wieder in der Kita betreut werden. Die vollständige Liste aller meldepflichtigen und zu einem Kita-Verbot führenden Krankheiten finden Sie in § 34 InfSchG (siehe Anhang).

Zugleich müssen Sie Ihr zuständiges Gesundheitsamt nach § 34 Abs. 9 InfSchG über das Auftreten der Krankheit in Ihrer Einrichtung informieren.

Dort erhalten Sie in der Regel auch Merkblätter, die Sie zur Belehrung der Eltern verwenden können. Zu empfehlen ist der Aushang der §§ 33–35 InfSchG.

Sie müssen jedoch nicht nur die Eltern bei Aufnahme eines Kindes über Ihre Informationspflicht belehren, sondern auch Ihre Mitarbeiterinnen. Für sie gilt § 34 InfSchG entsprechend. Zusätzlich müssen Sie die Mitarbeiterinnen schon bei der Einstellung zum Umgang mit Infektionskrankheiten unterweisen und dies alle zwei Jahre wiederholen. Die Mitarbeiterinnen müssen grundlegend darüber informiert sein, dass sie im Falle des Auftretens einer Krankheit, die in §34 InfSchG festgehalten ist – entweder bei ihnen selbst oder in ihrem Umfeld (das gilt entsprechend auch für die betreuten Kinder) –, von der Arbeit fernzubleiben haben bzw. nur unter strengen Auflagen (Abs. 2) zur Arbeit erscheinen dürfen. Bitte erstellen Sie auch ein Protokoll über die erfolgte Belehrung (§35 InfSchG).

Dasselbe gilt für die Belehrungen Ihrer Mitarbeiterinnen nach §§ 42 und 43 InfSchG zum Arbeitsverbot mit Lebensmitteln in bestimmten Fällen. Sprechen Sie hier gegebenenfalls mit Ihrem Gesundheitsamt über die Anforderungen einer solchen Belehrung.

Zusätzlich haben Sie laut Biostoffverordnung (BiostoffV) Ihre Mitarbeiterinnen zum Umgang mit biologischen Arbeitsstoffen zu unterweisen (§12 BiostoffV), also auf die Gefahr der Infizierung durch Mikroorganismen aufmerksam zu machen, die beim Menschen Infektionen, sensibilisierende oder toxische Wirkungen hervorrufen können. In der Kita tauchen am häufigsten die Erreger von Masern, Mumps, (Ringel-)Röteln sowie Hepatitis-A- und Hepatitis-B-Viren auf. Hier müssen Sie auf die Gefahr der Infektion bei direktem Kontakt mit den

Kindern, insbesondere z. B. beim Wickeln, hinweisen und auf die Einhaltung allgemeiner Hygienemaßnahmen bestehen. Die Unterweisung ist jährlich zu wiederholen und ebenfalls zu dokumentieren. Bitte nehmen Sie bei Rückfragen zu Umfang und Ablauf der Unterweisung Kontakt zu der für Sie zuständigen Arbeitsschutzbehörde auf. Über die Landesgesundheitsämter oder Landesämter für Arbeitsschutz erfahren Sie alles Weitere.

## Konsequenzen eines Schadensfalles

### Ein Kind verletzt sich in der Einrichtung

Verletzt sich ein Kind in der Kita, übernimmt grundsätzlich die Gesetzliche Unfallkasse (GUV), die in Regionalverbänden organisiert ist, die Kosten. In dem unwahrscheinlichen Fall, dass eine Erzieherin die Verletzung grob fahrlässig oder vorsätzlich (siehe Kasten) herbeigeführt hat, kann die Unfallkasse »Regress nehmen«, also verlangen, dass die aufgewendeten Kosten für die Behandlung von der Erzieherin erstattet werden.

Da von der Unfallkasse keine Sachschäden ersetzt werden, sollte eine Berufshaftpflichtversicherung unbedingt zu Ihrer »Ausstattung« gehören.

 **Grob fahrlässig – vorsätzlich** »Grob fahrlässig« heißt: Die Erzieherin bedachte nicht, was in der Situation jedem anderen hätte ohne Weiteres auffallen müssen.
»Vorsätzlich« meint: Die Erzieherin wusste und wollte, dass das Kind zu Schaden kommt.

Als Erzieherin müssen Sie weitere Ansprüche des Kindes, vertreten durch seine Eltern, nicht fürchten, z. B. Schmerzensgeld. §§ 104 und 105 SGB VII schließen weitere Ansprüche aus Vorschriften außerhalb des SGB VII aus. Das heißt, auch wenn das Kind im Falle einer fahrlässigen Verletzung nach dem BGB einen Anspruch auf Schmerzensgeld gegen Sie haben könnte, so ist dieser doch durch diese Regelungen des SGB VII geblockt. Der Gesetzgeber will vermeiden, dass die Beziehungen von Menschen, die so eng zusammenarbeiten, durch weitere Auseinandersetzungen stärker belastet werden als nötig.

Eine Ausnahme gilt hier nur bei einer vorsätzlichen Verletzung eines Kindes.

### Schäden, die Kinder Ihrer Kita Dritten zufügen

Immer wieder kommt es dazu, dass die in einer Kindertagesstätte betreuten Kinder dritten Personen außerhalb der Kita Schäden zufügen (z. B. BGH-Urteil vom 13.12.2012 – III ZR 226/12). Wer für diese Schäden die (finanzielle) Verantwortung übernimmt, ist immer im Einzelfall zu klären.

Die Kinder haften für solche Schäden grundsätzlich nicht, zumindest nicht im Kita-Bereich. Denn Kinder, die das siebte Lebensjahr noch nicht vollendet haben, sind nicht zur Verantwortung zu ziehen. Dies formuliert die gesetzliche Regelung in § 828 Abs. 1 BGB ausdrücklich. Für diese Schäden zahlt daher zunächst der Träger, sofern es sich um eine Aufsichtspflichtverletzung handelt.

Eine Aufsichtspflichtverletzung liegt z.B. dann nicht vor, wenn unbeaufsichtigt spielende bisher unauffällige Kinder aus einem hinteren Teil des Außengeländes, das für Sie nicht einsehbar ist, durch Steine oder Ähnliches Schäden an dem Auto eines Dritten verursachen. Es ist lediglich sicherzustellen, dass in Intervallen von zehn bis 15 Minuten (je nach Größe und Dynamik in der Gruppe sowie Temperament der Kinder) eine der Erzieherinnen nach dem Rechten sieht. Das regelt eindeutig § 832 BGB, nach dem eine aufsichtspflichtige Person eben dann nicht haftet, wenn sie ihre Aufsichtspflicht erfüllt oder der Schaden auch bei angemessener Aufsicht entstanden wäre. Die dritte Person bleibt in diesen Fällen auf ihrem Schaden sitzen.

**(!)** Eltern haften eben im Regelfall nicht für ihre Kinder.

Sollte ein Gericht feststellen, dass Sie im Rahmen Ihrer Aufsichtspflicht grob fahrlässig gehandelt haben, könnte der Träger Sie auffordern, für den Schaden aufzukommen. Wenn Sie also z. B. die Kinder mit Steinen »bewaffnet« das Gebäude in Richtung Kita-Gelände-Grenze haben gehen sehen, ohne einzuschreiten, und dann ein Schaden an dem Auto des Nachbarn durch Steinwurf entsteht, könnte der Träger auf Sie zukommen und Ersatz für die Kosten verlangen, die er dem Nachbarn für die Reparatur erstattet hat.

## Beschädigtes oder verloren gegangenes Spielzeug von Kindern

Geht die Lieblingspuppe von Marlon verloren oder bekommt die »nigelnagelneue und sünd-haft« teure Outdoorhose von Marie einen Riss, müssen im Regelfall weder die Leitung noch die Erzieherinnen für Ersatz aufkommen. Nur wenn Ihnen tatsächlich eine Verletzung der Aufsichtspflicht vorgeworfen werden kann, könnten Sie bzw. die Betriebshaftpflichtversi-cherung Ihres Trägers zum Ersatz verpflichtet werden. Ein solcher Fall könnte vorliegen, wenn die Kinder ohne Wissen der Aufsicht führenden Person einer Tätigkeit nachgehen, die zumindest die Gefahr in sich birgt, dass dabei Dinge der Kinder zu Schaden kommen.

Am häufigsten tritt vermutlich der versehentliche Verlust von Kleidungsstücken auf. Hier wird eine Mütze beim Ausflug vergessen, dort ein Schal mit dem eines anderen Kindes ver-wechselt. Ob der Träger für den Ersatz des Verlusts aufzukommen hat, hängt davon ab, ob der Schaden auch bei angemessener Aufsichtsführung entstanden wäre (§ 832 Abs. 1 und 2 BGB).

Der Träger ist daher verpflichtet, eine übersichtliche und für Dritte nicht zugängliche Aufbewahrungsmöglichkeit für die Garderobe der Kinder und eventuell mitgebrachte Ku-scheltiere, Spielzeug oder andere Gegenstände zu schaffen.

Weisen Sie bitte in diesem Zusammenhang die Eltern darauf hin, dass Kleidungsstücke und sonstige private Gegenstände der Kinder mit Namen zu kennzeichnen sind.

Dass bei einem Ausflug z. B. der eine oder andere Handschuh auf der Strecke bleibt, lässt sich wohl leider nicht vermeiden. Eine liegengebliebene Jacke dürfte Ihnen bzw. der betreu-enden Person aber ins Auge fallen, sodass hier eine Ersatzpflicht des Trägers durchaus an-zunehmen ist.

# Medizinische Versorgung

## Erste Hilfe bei Verletzungen

Verletzt sich ein Kind in Ihrer Einrichtung, haben Sie folgende Pflichten:

- Zunächst leisten Sie Erste Hilfe. Sie versorgen die Wunde in der Weise, dass eine Verschlimmerung möglichst verhindert wird. Weitere medizinische Eingriffe, ins besondere solche, die eine Infektionsgefahr der Wunde in sich tragen, dürfen Sie aber nicht vornehmen.
- Rufen Sie dann die Eltern an, um das weitere Vorgehen abzustimmen, oder im Not-fall den Rettungsdienst.
- Anschließend erfolgt der Eintrag in Ihr Unfall-/Verbandsbuch (in jeder Buchhand-lung erhältlich): Vermerken Sie Datum, Name des Kindes, Ort der Verletzung, Art und Ursache der Verletzung, Zeugen und Erste-Hilfe-Behandlung.
- Innerhalb von drei Tagen muss außerdem die Meldung an die Unfallkasse erfolgen. Das Formular dazu finden Sie im Internet (z. B. www.unfallkasse-nrw.de).

## Medikamentenvergabe

Die Medikamentenvergabe in der Kita ist ein weitgehend ungeregeltes Feld. Es besteht keine gesetzliche Regel, nach der Sie Kindern Medikamente verabreichen dürfen oder müssen. Für dabei entstehende Schäden des Kindes kommt auch die Unfallkasse im Zweifel nicht auf.

Ohne Einwilligung der Eltern dürfen Sie Kindern keine Medikamente geben, auch solche nicht, die Sie für sehr hilfreich und völlig ungefährlich halten. Das gilt auch für homöopathische Arzneimittel! Ausnahmen bestehen nur für Hausmittel (Kräutertee) und Maßnahmen im Rahmen der Ersten Hilfe (etwa bei sehr starken Schmerzen Schmerztabletten bzw. -zäpfchen).

 **Checkliste Medikamentenvergabe**

Wenn Sie hinter jeden Punkt der folgenden Checkliste einen Haken machen können, sind Sie in Sachen Medikamentenvergabe auf der sicheren Seite:
- Es liegt eine schriftliche Medikation des Arztes vor.
- Die Medikation ist eindeutig: Sie lässt keine Zweifel bezüglich des Zeitpunktes und der Dosierung zu, sodass eine Abwägung der verabreichenden Erzieherin nicht notwendig ist.
- Die Anweisung des Arztes sollte alle sechs Monate erneuert werden.
- Die Erzieherinnen werden am besten vom Arzt eingewiesen.
- Es sind mindestens zwei Erzieherinnen mit der Vergabe vertraut.
- Die Eltern erteilen eine schriftliche Einverständniserklärung: Diese enthält die Anschrift der Eltern, ihre Telefonnummern und die des behandelnden Arztes. Außerdem sind Hinweise zu möglichen Nebenwirkungen und dem Verhalten im Notfall darin vermerkt.

Entscheiden Sie sich für die Aufnahme eines Kindes, das regelmäßig Medikamente benötigt, lassen Sie sich unbedingt für jedes einzelne Medikament die Einwilligung der Eltern schriftlich zusammen mit ärztlicher Verordnung und Anweisung zu Dosierung und Häufigkeit der Einnahme geben. (Eine Muster-Einverständniserklärung finden Sie im Anhang.)

# Kindeswohlgefährdung (§ 8a SBG VIII)

Über § 8a Abs. 4 SGB VIII werden Sie als Vertreter des Trägers am Schutzauftrag des Jugendamtes beteiligt. Das Jugendamt hat, sobald ihm eine mögliche Gefährdung eines Kindes oder Jugendlichen bekannt wird, das Gefährdungsrisiko einzuschätzen und gegebenenfalls geeignete Maßnahmen zum Schutze des Minderjährigen zu veranlassen. Die Träger der Kindertagesbetreuung sind verpflichtet, diese Aufgabe des Jugendamtes in ihren Einrichtungen zu unterstützen.

 **Kindeswohlgefährdung** Unter Kindeswohlgefährdung sind zu verstehen:
- Vernachlässigung der Fürsorge
- Vernachlässigung der Aufsichtspflicht
- körperliche und seelische Misshandlungen
- Erlebnis sonstiger häuslicher Gewalt.

Gewichtige Anhaltspunkte für eine mögliche Gefährdung des Kindes können unter anderem Verletzungen oder die Verschmutzung des Kindes sowie stark altersabweichendes Verhalten sein. Sie können sich aber auch aus dem Auftreten der Erziehungsberechtigten oder aus der sonstigen Ihnen bekannten familiären Umgebung ergeben.

Sobald eine Erzieherin Ihrer Einrichtung bei einem von Ihnen betreuten Kind »gewichtige Anhaltspunkte für die Gefährdung« seines Wohles wahrnimmt, haben Sie als Leitung Folgendes zu veranlassen:

- Zunächst müssen Sie im Kreis der pädagogischen Fachkräfte eine Gefährdungseinschätzung vornehmen, sich also über Ihre Beobachtungen austauschen und mögliche Ursachen und Konsequenzen für das Kind erörtern. Das Gesetz sieht vor, dass Sie für die Einschätzung eine insoweit erfahrene Fachkraft (siehe unten) hinzuziehen.
- Gehen Sie anschließend auf die Familie zu und informieren Sie sie über das Ergebnis Ihrer Gefährdungseinschätzung, soweit der Schutz des Kindes dadurch nicht gefährdet wird.
- Sie wirken darauf hin, dass die Familie angemessene Hilfe in Anspruch nimmt bzw. sich vom Jugendamt beraten lässt.
- Führt das nach einer erneuten Beratung im Team mit Fachberatung nicht zu einer Sicherung des Kindeswohles, informieren Sie hierüber das Jugendamt und die Familie. Ist der Schutz des Kindes nach Ihrer Einschätzung nicht anders zu erreichen, informieren Sie die Familie erst nach Absprache mit dem Jugendamt.

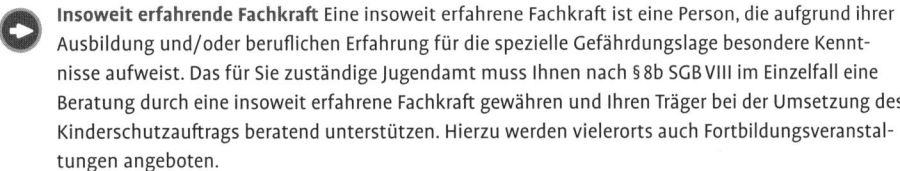

**Insoweit erfahrende Fachkraft** Eine insoweit erfahrene Fachkraft ist eine Person, die aufgrund ihrer Ausbildung und/oder beruflichen Erfahrung für die spezielle Gefährdungslage besondere Kenntnisse aufweist. Das für Sie zuständige Jugendamt muss Ihnen nach § 8b SGB VIII im Einzelfall eine Beratung durch eine insoweit erfahrene Fachkraft gewähren und Ihren Träger bei der Umsetzung des Kinderschutzauftrags beratend unterstützen. Hierzu werden vielerorts auch Fortbildungsveranstaltungen angeboten.

Die Rahmenvereinbarungen der Länder mit den freien Trägern sehen meist Regelungen zur Umsetzung des Schutzauftrags vor. Bitte setzen Sie sich mit dem für Sie zuständigen Jugendamt in Verbindung, um das Vorgehen im Ernstfall abzustimmen.

# Datenschutz und Verschwiegenheitspflicht

# Hinführung

Der Schutz privater Daten ist in der Kita von hoher Bedeutung. Sie haben Sorge dafür zu tragen, dass Informationen, die Sie von den Eltern über das Kind, die familiäre Situation, die Einkommensverhältnisse und andere sensible private Angelegenheiten erhalten (z. B. den Adoptionsstatus eines Kindes), nicht an andere Personen ohne Einverständnis der Betroffenen weitergegeben oder gar veröffentlicht werden (z. B. Fotos). Auf der anderen Seite haben Sie bestimmte Daten in Form von Belegen aus rechtlichen Gründen für längere Zeit aufzubewahren.

 **Relevante Gesetze im Bereich Datenschutz und Verschwiegenheitspflicht** Die wichtigsten Gesetzestexte und deren Abkürzungen im Bereich Datenschutz und Verschwiegenheitspflicht, auf die in diesem Kapitel immer wieder Bezug genommen wird, sind:
- Sozialgesetzbuch VIII: Kinder- und Jugendhilfe (SGB VIII)
- Sozialgesetzbuch X: Sozialverwaltungsverfahren und Sozialdatenschutz (SGB X)

Im Bereich des Datenschutzes und der Verschwiegenheitspflicht werden Sie sich daher vorrangig mit drei Fragestellungen auseinandersetzen:
- Welche Daten muss ich schützen?
- Welche Fotos und Daten darf ich in welcher Form veröffentlichen?
- Welche Daten darf ich bzw. muss ich aufbewahren?

## Schutz persönlicher Daten

Persönliche Daten der Kinder, Eltern und Mitarbeiterinnen Ihrer Einrichtung dürfen Sie nur mit deren Einverständnis erheben und speichern. Zu diesen gehören etwa Adressen, Telefonnummern, Informationen über den Familienstand oder die Konfession. Diese Daten dürfen Sie auch nicht ohne Einverständnis der Betroffenen an Dritte weitergeben – auch nicht an Behörden, die weiterführende Schule und andere Institutionen, auch wenn diese noch so überzeugende Argumente zu haben scheinen.

Ausnahme ist das Jugendamt, an das Sie Daten des betroffenen Kindes im Rahmen Ihres Schutzauftrags nach § 8a Abs. 4 SGB VIII (siehe S. 76) weitergeben dürfen bzw. hier sogar müssen, falls eine Gefährdung des Kindes nicht anders abgewendet werden kann.

Zu den besonders sensibel zu behandelnden persönlichen Daten gehören Informationen über das Einkommen, den Empfang von Sozialleistungen, Bankverbindung, Mitarbeiterakten oder Entwicklungsbögen der Kinder. Diese Daten sollten Sie in einem verschlossenen Schrank in Ihrem Büro verwahren.

Der Computer, auf dem Sie personenbezogene Daten speichern, muss selbstverständlich auch mit einem Passwort geschützt sein. Diese Daten dürfen Sie an niemanden weitergeben, es sei denn, die Weitergabe an die zuständigen Behörden ist für die Erfüllung des Schutzauftrags (siehe oben) erforderlich.

Bei der Vernichtung dieser Daten sollten Sie einen Aktenvernichter, der mindestens über die Sicherheitsstufe 3 nach DIN (Partikelschnitt mit max. 4 mm auf 60 mm) verfügt, verwenden.

## Aufbewahrungspflichten

Den Eltern geben Sie Bilder, Fotos, Portfolios, Entwicklungsdokumentationen oder Auskunftsbögen mit, wenn das Kind die Kita zum Schulbeginn oder etwa umzugsbedingt verlässt.

Unterzeichnete Kita-Verträge und Quittungen über gezahlte Beiträge sollten Sie ab dem Schluss des Jahres, in dem das Kind die Kita verlassen hat, für drei Jahre aufbewahren. Dies ist die reguläre und allgemeine Verjährungsfrist, die für die allermeisten Forderungen gilt.

Die Personalakten von Ihren Mitarbeiterinnen sollten Sie für zehn Jahre aufbewahren, und zwar ab dem Schluss des Jahres, in dem die Beschäftigte Sie verlassen hat. Dann sind alle zu beachtenden Fristen, die im Handelsgesetzbuch, der Abgabenordnung, dem Mutterschutzgesetz und dem Sozialgesetzbuch VII festgehalten sind, abgelaufen.

 **Sortieren am Jahresende** Da die Verjährungsfristen in den meisten Fällen mit dem Schluss eines Jahres enden, bieten sich die ersten Wochen des neuen Jahres zum »Ausmisten« an.

Sollten Sie Kindern mit einer besonderen Medikamentierung die entsprechenden Präparate verabreicht haben, sind die damit in Zusammenhang stehenden Dokumente (möglichst) 30 Jahre zu verwahren. Dies ist die maximale Verjährungsfrist für Schadensersatzansprüche, die auf der Verletzung des Lebens, des Körpers und der Gesundheit beruhen.

 **Aufbewahrung von Daten**
- Sofort nach Vertragsende auszuhändigen bzw. zu vernichten: z. B. Bilder, Portfolio
- 3 Jahre: Rechnungen, Quittungen, insbesondere auch Unterlagen zur Höhe und zur Zahlung der Elternbeiträge
- 10 Jahre: Personalakten
- 30 Jahre: Unterlagen zur Medikamentierung

## Verwendung von Daten

Sollen etwa Fotos, Geburtsdaten oder Telefonnummern anderen Eltern weitergegeben werden – egal ob direkt oder z. B. über eine Plattform wie »Kigaroo« –, ist hierfür eine Einwilligungserklärung notwendig. Diese sollte unabhängig vom Vertrag in schriftlicher Form und freiwillig erteilt werden und muss jederzeit frei widerruflich sein.

In der Einwilligungserklärung sollten der Verwendungszweck bzw. die jeweiligen Verwendungsarten der Daten möglichst genau umschrieben werden, um gegenüber den Betroffenen eine hohe Transparenz im Umgang mit den persönlichen Daten zu wahren. Denn nur eine Einwilligung, bei der der Unterzeichnende auch tatsächlich wusste, in was er einwilligt, ist auch eine wirksame Einwilligung. Außerdem muss die Einwilligungserklärung natürlich von allen sorgeberechtigten Personen bzw. allen abgelichteten Personen abgegeben werden. Der Widerruf der Einwilligung hingegen kann von jedem Erziehungsberechtigten auch einzeln wirksam erklärt werden.

Bei Bildern gilt grundsätzlich, dass diese nur mit Einwilligung des Abgebildeten verbreitet oder öffentlich zur Schau gestellt werden dürfen (§ 22 KunstUrhG; Kunsturhebergesetz). Die Einwilligung zur Veröffentlichung ist aber nur dann erforderlich, wenn der Abgebildete auch individuell erkennbar ist. Einer solchen Einwilligung bedarf es daher in der Regel z. B. nicht, wenn die abgebildete Person im Rahmen größerer öffentlicher Veranstaltungen, wie etwa beim Sommerfest oder dem Laternenumzug, zusammen mit vielen anderen Menschen fotografiert wurde und der Zweck des Fotos die Dokumentation der Veranstaltung ist und eben nicht die Heraushebung der abgebildeten Personen.

**Posieren und Lächeln als konkludente Einwilligung**
Übrigens: Wer als Teilnehmer einer Kindergartenveranstaltung für eine Aufnahme posiert oder freundlich in die Kamera lächelt, signalisiert damit konkludent seine Einwilligung (Landgericht Münster, Urteil vom 24.03.2004 – 10 O 626/03).

Eine Einwilligungserklärung (z. B. zur Veröffentlichung von Bildern der Kinder/Eltern) sollte grundsätzlich zwei Teile enthalten. Der erste Teil (Belehrung) informiert die Eltern darüber, wo, wie lange, für wen sichtbar und zu welchem Zweck Bilder ihrer Kinder veröffentlicht werden:

Die Kita Sonnenschein möchte Fotos der Kinder gerne allen Eltern zugänglich machen. Zu diesem Zweck sollen die Bilder auf einem sozialen Netzwerk im Internet (www.kita-share.de) veröffentlicht werden, zu dem lediglich die Erzieherinnen sowie die Eltern der betreuten Kinder einen passwortgeschützten Zugang haben. Sämtliche Personen sind verpflichtet, ihr Passwort sorgsam zu behandeln und nicht an Dritte weiterzugeben.
Die Einwilligungserklärung gilt ab dem Zeitpunkt der Unterschrift bis spätestens zum Ausscheiden aus der Kita. Die Fotos werden spätestens bei Verlassen der Kita gelöscht.

Der zweite Teil (Erklärung) enthält die eigentliche Einwilligungserklärung des Betroffenen oder seiner Erziehungsberechtigten mit Datum und Unterschrift:

Ich/wir ..................................................(Erziehungsberechtigte) habe/n den oben aufgeführten Text zur Kenntnis genommen und bin/sind damit einverstanden, dass von meinem/unserem Kind .............................. Fotos in Ihrem Intranet/Internetauftritt veröffentlicht verwendet werden.
Mir/uns ist bekannt, dass ich/wir diese Einwilligungserklärung jederzeit mit Wirkung für die Zukunft widerrufen kann/können.
Nach Widerruf der Einwilligung werden die Bilder des Kindes spätestens innerhalb von zwei Tagen gelöscht. Bei Aufnahmen einer Gruppe von Kindern führt der Widerruf für mein Kind nicht zur Löschung des Bildes. Gegebenenfalls kann hier aber eine Unkenntlichmachung erfolgen, wenn dies verlangt wird.

# Weitere Rechtsgebiete

## Hinführung

Ihr beruflicher Alltag konfrontiert Sie nicht selten auch mit Aufgaben aus Rechtsgebieten, die über die besprochenen Schwerpunktbereiche hinausgehen. Als Leitung einer Kita sind Sie als Vertreter des Trägers vor Ort. Ihr Handeln – oder Unterlassen – kann erhebliche Auswirkungen auf den weiteren Verlauf eines bestimmten »Falls« im täglichen Kitageschehen haben. Oft bleibt Ihnen für eine Reaktion nicht genügend Zeit, um Rücksprache mit dem Träger oder gar einem Rechtsanwalt zu halten. Ebenso müssen Sie als Erzieherin meist ohne Verzögerung eine Entscheidung treffen, etwa wenn der Vater eines Kindes unerwartet in der Kita auftaucht und das Kind ihm um den Hals fällt. Dürfen Sie es ihm dann anvertrauen?

Schnelles Handeln wird von Ihnen z. B. auch verlangt, wenn die Eingangstür des Kitagebäudes nicht mehr schließt oder wenn Sie einen gravierenden Mangel an der neuen Sprossenwand für den Bewegungsraum feststellen – auch wenn das am letzten Tag vor der Schließzeit ist.

Die im Rahmen unserer Beratungstätigkeit am häufigsten auftretenden Konstellationen aus dem Familien-, Miet- und Kaufrecht haben wir Ihnen möglichst anschaulich auf den folgenden Seiten zusammengestellt.

## Familienrecht

Das Familienrecht umfasst einen sehr großen Abschnitt des BGB (§§ 1626, 1631 BGB und § 1685, 1687 BGB) und regelt unter anderem den Unterhalt von Eltern für ihre Kinder, die Eheschließung und -scheidung sowie die Art und Weise, in der sich Eltern um ihre Kinder zu kümmern haben. Es beschäftigt Sie in der Regel nur dann, wenn Sie Kinder von getrennt lebenden Eltern in Ihrer Einrichtung betreuen. Im Rahmen des Trennungsprozesses wird das Kind häufig instrumentalisiert. Auseinandersetzungen führen die Eltern z. B. darüber, ob auch der neue Partner das gemeinsame Kind von der Kita abholen darf oder ob auch der Partner, mit dem man sich gerade in einem »Rosenkrieg« befindet, zum Elternabend eingeladen wird.

In dem Bereich des Familienrechtes, der die Beziehung von Eltern zu ihren Kindern regelt, sind zwei wesentliche Rechtsgebiete zu unterscheiden: Sorgerecht und Umgangsrecht. Das Sorgerecht betrifft vor allem Fragen der Erziehung bzw. der wesentlichen Entscheidungen im Leben eines Kindes, z. B. die Wahl des Kindergartens oder der Religion. Sind die Eltern bei der Geburt des Kindes verheiratet, sind automatisch beide Teile Inhaber der elterlichen Sorge, haben also das Sorgerecht. Bei unverheirateten Eltern ist das nur dann der Fall, wenn beide Eltern beim Jugendamt eine Sorgeerklärung abgeben oder ein Gericht auf den Antrag des Vaters hin diesem einen Teil der elterlichen Sorge einräumt. Bei gemeinsamer elterlicher Sorge sind die für das Kind erheblichen Entscheidungen gemeinsam zu treffen.

Das Umgangsrecht regelt hingegen die Ausgestaltung des tatsächlichen Kontakts des Kindes zu dem Elternteil, bei dem es nicht seinen ständigen Aufenthalt hat, also nicht dauerhaft wohnt. Im Einzelfall gibt es auch Konflikte um das Umgangsrecht der Großeltern und der sogenannten sozial-familiären Bezugspersonen. Dies sind nach § 1685 BGB Menschen, die längere Zeit mit dem Kind in häuslicher Gemeinschaft gelebt und Verantwortung für das Kind übernommen haben.

## Die fünf wichtigsten Fragestellungen

Im Rahmen des Familienrechtes und möglichen elterlichen Konflikten sind für Sie im Wesentlichen die folgenden fünf Fragestellungen von Bedeutung:

### Wer unterschreibt den Kita-Vertrag?

Leben die Eltern getrennt und haben beide Eltern das Sorgerecht, muss der Kita-Vertrag von beiden unterzeichnet werden (§ 1687 Abs. 1 Satz 1 BGB). Es handelt sich um eine Angelegenheit von erheblicher Bedeutung, die nur beide Eltern gemeinsam treffen können.

### Wer entscheidet, ob das Kind mit auf die Kita-Fahrt darf?

Bei der Entscheidung für die Teilnahme an einem Ausflug handelt es sich um eine sogenannte Angelegenheit des täglichen Lebens. Diese darf von dem Elternteil allein entschieden werden, bei dem das Kind wohnt. Betreuen die Eltern das Kind im sogenannten Wechselmodell – also zu annähernd gleichen Teilen –, entscheidet derjenige über die Erlaubnis zur Teilnahme an der Fahrt, in dessen Betreuungszeit die Fahrt fällt.

### Wem darf ich das Kind anvertrauen?

Liegt das Sorgerecht bei beiden Eltern, dürfen Sie das Kind beiden Eltern anvertrauen. Sollten Sie von einem Streit zwischen den Eltern darüber erfahren, wer das Kind wann von der Kita abholen bzw. mitnehmen darf, lassen Sie sich zur Sicherheit eine Kopie des Urteils des Familiengerichts geben, das über das Umgangsrecht einen Beschluss erlassen hat. Alternativ können Sie sich auch eine schriftliche Vereinbarung der Eltern geben lassen.

 **Abholen – Angelegenheit des täglichen Lebens** Der Elternteil, der mit dem Abholen des Kindes an der Reihe ist – sei es aufgrund eines gerichtlichen Beschlusses oder nach einer elterlichen Vereinbarung –, darf auch entscheiden, dass eine andere Person (z.B. der neue Partner) das Kind abholt. Es handelt sich hierbei nämlich um eine Angelegenheit des täglichen Lebens, die keine weitreichenden Konsequenzen für das Kind hat – so zumindest das Oberlandesgericht Bremen in seinem Beschluss vom 01.07.2008 – 4 UF 39/08.

### Wen muss ich zum Elternabend einladen?

Zum Elternabend müssen beide Elternteile eingeladen werden, wenn beide gemeinsam Inhaber der elterlichen Sorge sind.

### Welchem Elternteil muss ich Auskunft über die Entwicklung bzw. das Verhalten des Kindes geben?

Wenn beide Elternteile sorgeberechtigt sind, müssen Sie beiden auf Verlangen Auskunft über ihr Kind erteilen.

Liegt allerdings die Sorge bei nur einem Elternteil, so dürfen Sie dem anderen keine Auskunft über das Kind erteilen. Der nicht sorgeberechtigte Elternteil hat zwar auch Anspruch auf Informationen über die Entwicklung seines Kindes. Dieses Recht besteht aber nur gegenüber dem sorgeberechtigten Elternteil (§ 1686 BGB).

## Mietrecht

Die Räumlichkeiten für den Betrieb einer Kita werden oft gemietet. Die Regeln für das Miteinander der Mietvertragsparteien, also des Trägers und des Vermieters, sind in einem Mietvertrag und in §§ 535–580a BGB geregelt.

## Mietmängel

Sie werden sich in der Regel weder mit den Feinheiten der Gestaltung eines Mietvertrags, der ordnungsgemäßen Übertragung der Schönheitsreparaturen oder der Bestimmung der richtigen Kündigungsfrist beschäftigen müssen. Unmittelbar in Berührung mit dem Mietrecht kommen Sie aber, wenn Mängel an der Mietsache auftreten, sei es dass die Eingangstür nicht mehr schließt, der Fußboden aufplatzt oder ein Leck in der Wasserleitung auftaucht.

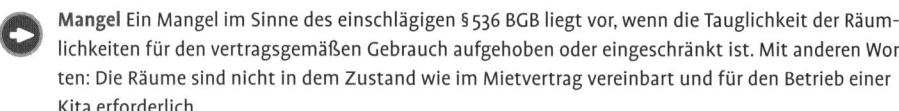 **Mangel** Ein Mangel im Sinne des einschlägigen § 536 BGB liegt vor, wenn die Tauglichkeit der Räumlichkeiten für den vertragsgemäßen Gebrauch aufgehoben oder eingeschränkt ist. Mit anderen Worten: Die Räume sind nicht in dem Zustand wie im Mietvertrag vereinbart und für den Betrieb einer Kita erforderlich.

Ein Mangel kann sich entweder in Form eines Baumangels zeigen (z. B. Feuchtigkeit, Abnutzungserscheinungen vom Fußboden, undichte Fenster) oder in Form von sonstigen Einschränkungen im Haus und um das Haus herum (z. B. erschwerter Zugang zu den Mieträumen, erhebliche Bauarbeiten im Haus oder zu beanstandendes Erscheinungsbild des Hauses).

## Mängelanzeige

Was ist zu tun, wenn Sie auf solche Mängel stoßen? – Ihre allerwichtigste Aufgabe ist es, Ihren Vermieter im Falle des Auftretens eines Mangels umgehend darüber zu informieren. Hierzu sind Sie einerseits sogar gesetzlich verpflichtet, um weiteren Schaden am Eigentum des Vermieters zu vermeiden. Andererseits können Sie nur dann eine Beseitigung und gegebenenfalls eine Minderung der Miete beanspruchen, wenn der Vermieter von dem Mangel wusste.

Die Mängelanzeige sollte zeitnah erfolgen und möglichst genaue Angaben zu folgenden Fragen enthalten:

- Wo (z. B. in welchem Zimmer, an welcher Tür) tritt der Mangel in Erscheinung?
- Welches Ausmaß hat der Mangel (z. B. bei Rohrbruch oder Ungezieferbefall)?
- Wann beobachten Sie das Auftreten des Mangels (z. B. bei Regenfällen)?

Da in den meisten Fällen eine schnelle Beseitigung des Mangels für Sie im Vordergrund stehen wird, fordern Sie den Vermieter bzw. die beauftragte Hausverwaltung auf, den in der Mängelanzeige beschriebenen Schaden zu beseitigen. Hierfür setzen Sie eine angemessene Frist.

Eine Mängelanzeige, verbunden mit einer Beseitigungsaufforderung, könnte wie folgt aussehen:

Sehr geehrter Herr Vermieter,

wir sind Mieter im Objekt *(Straße, Haus-Nr.)* und zeigen Ihnen hiermit folgenden Mangel an:
Die Hauseingangstür steht seit heute *(17:00 Uhr)* offen. Es scheint sich um einen Mangel des hydraulischen Türschließers zu handeln. Das Haus ist damit für jedermann zugängig. Da sich unsere Räumlichkeiten im Erdgeschoss befinden, sehen wir uns einem erhöhten Diebstahlrisiko ausgesetzt, dies insbesondere, da sich die Garderobe im vorderen Teil der Kita befindet und die Gruppenräume im hinteren Teil. Darüber hinaus besteht ein erhöhtes Risiko, dass Kinder unbeaufsichtigt das Gebäude verlassen.
Ich fordere Sie daher auf, die Tür umgehend reparieren zu lassen.
Hierfür setze ich Ihnen eine Frist bis ............................................................*(Datum, Uhrzeit)*.
Wir behalten uns alle gesetzlichen und vertraglichen Gewährleistungsansprüche vor.
Sollte innerhalb der Frist keine Reparatur erfolgt sein, werden wir eine Reparatur in Auftrag geben und von Ihnen Ersatz der entstehenden Kosten verlangen.

## Mietminderung

Sollte der Vermieter bei weniger gefährdenden Mängeln eine Beseitigung verweigern oder sich sehr viel Zeit dafür lassen, kann auch eine Minderung der Miete für Sie das richtige Mittel sein, um den Vermieter dazu zu bewegen, die Räume Ihrer Kita wieder in den Zustand zu versetzen, der vertraglich vereinbart wurde.

Die Minderung der Miete tritt dem Gesetz nach übrigens quasi automatisch ein, sobald ein (nicht nur unerheblicher) Mangel vorliegt.

Bei entsprechenden Mängeln würden Sie neben der Anzeige des Mangels darauf hinweisen, dass sich die Miete ab sofort um einen bestimmten Prozentsatz mindert. Zur Bestimmung der angemessenen Höhe der Minderung sollten Sie jedoch anwaltliche Beratung in Anspruch nehmen.

Keinesfalls sollten Sie ohne rechtliche Beratung verringerte Mietzahlungen leisten. Zum einen sind bei Mietverhältnissen über Gewerberäume (und hierzu gehören auch Kita-Mietverträge) Klauseln zulässig, die die Minderung ausschließen, und zum anderen könnten Sie sich in der Höhe der Minderung verschätzen und Gefahr laufen, mit der Zahlung der Miete so weit in Verzug zu geraten, dass der Vermieter den Mietvertrag fristlos kündigen kann.

Gefahrlos können Sie jedoch darauf hinweisen, dass Sie bis zur Beseitigung des Mangels die Miete nur unter dem Vorbehalt der Rückforderung zahlen werden.

**Lärm aus Kita ist kein Mangel** Sollte Ihr Vermieter Sie auffordern, Ihre Kinder zu mehr Ruhe anzuhalten, da er sich Mietminderungen anderer Bewohner ausgesetzt sehe, können Sie sich zurücklehnen und auf die aktuelle Gesetzeslage nach dem Bundes-Immissionsschutzgesetz (BImSchG) hinweisen. Danach ist der von Kindertagesstätten ausgehende Lärm privilegiert und unterliegt nicht den üblichen Immissionsgrenzwerten.

# Kaufrecht

Ein Szenario: Sie bestellen im Internet für Ihre Einrichtung Holzspielzeug. Die Murmelbahn trifft drei Tage später an einem Freitagvormittag mit einem Paketdienst ein.

- Variante 1: Sie finden am Sonnabend bei Ihrem privaten Einkaufsbummel dieselbe Murmelbahn im örtlichen Spielzeuggeschäft 100 Euro günstiger.
- Variante 2: Sie stellen beim Auspacken fest, dass das Spielzeug zum Teil schlecht verleimt ist und an einigen Stellen Splitter aufweist.

Was können Sie tun bzw. müssen Sie unternehmen?

### Variante 1 – Sie finden kurzfristig eine günstigere Murmelbahn

Die meisten von Ihnen kennen die Widerrufsbelehrungen, die Internetshops meist im Rahmen der Bestellbestätigung per E-Mail versenden. Danach hat der Besteller im Regelfall ein 14-tägiges Widerrufsrecht, d. h., er kann innerhalb dieses zeitlichen Rahmens ohne Angabe von Gründen von dem Vertrag zurücktreten, die Ware zurückschicken und sein Geld zurückverlangen.

Diese gesetzliche Regelung gilt aber nur für »Verbraucher« (§312b BGB). Ein Verbraucher ist nach der Definition des §13 BGB »jede natürliche Person, die ein Rechtsgeschäft zu einem Zwecke abschließt, der weder ihrer gewerblichen noch ihrer selbstständigen beruflichen Tätigkeit zugerechnet werden kann«. Das trifft für Sie nicht zu, da Sie zwar eine »natürliche Person« sind, aber in diesem Fall als Vertreterin des Trägers – also einer juristischen Person – auftreten. Mit anderen Worten: Sie haben kein Widerrufsrecht und können die bestellte Ware nicht – zumindest nicht so ohne Weiteres – zurückschicken.

Eine Auflösung des Vertrags, den Sie mit dem Vertragshändler geschlossen haben, kommt daher nur dann in Betracht, wenn Sie sich tatsächlich bei der Bestellung geirrt haben. Dann dürfen Sie Ihre Willenserklärung unter bestimmten Voraussetzungen anfechten. Oder die gelieferte Ware ist mangelhaft (vgl. auch die Ausführungen unter Variante 2), und der Verkäufer weigert sich, die gelieferte Ware zu reparieren oder auszutauschen. Auch in diesen Fällen können Sie vom Vertrag zurücktreten, also die Ware zurückschicken und das Geld zurückverlangen bzw. die Zahlung verweigern.

### Variante 2 – Die gelieferte Murmelbahn ist beschädigt

Die Murmelbahn ist also »mit einem Sachmangel behaftet«, wie wir Juristen sagen. Das heißt, dass sie nicht dem (stillschweigend) vereinbarten Zweck und/oder der Beschaffenheit entspricht. Im dargestellten Beispiel kann eine Murmelbahn, die bei der geringsten Beanspruchung auseinanderzubrechen droht und außerdem Verletzungspotenzial aufweist, Ihren Kindern nicht zum Spielen zur Verfügung gestellt werden. Das Gesetz bietet dem Käufer einer mangelhaften Ware verschiedene Reaktionsmöglichkeiten an, die Sie in §§ 433 ff. BGB finden. Die erste Möglichkeit und häufig erste Wahl ist, den Verkäufer zur sogenannten Nacherfüllung aufzufordern. Diese kann entweder in der Beseitigung des Mangels (Reparatur) oder in der Lieferung einer mangelfreien Ware erfolgen. Welchen der beiden Wege er bevorzugt, darf sich der Käufer aussuchen, es sei denn, die von ihm gewählte Art der Nacherfüllung ist unverhältnismäßig teuer. So kann der Internetverkäufer eine Reparatur ablehnen, da er sonst jemanden zu Ihnen schicken müsste, um die Teile der Murmelbahn neu zu verleimen und zu überschleifen. Bei einem installierten Klettergerüst im Wert von mehreren Tausend Euro dagegen wäre die Reparatur wohl die angemessene Nacherfüllung.

Scheitert die Nacherfüllung oder weigert sich der Verkäufer, den Mangel zu beseitigen, dürfen Sie unter bestimmten Voraussetzungen vom Vertrag zurücktreten, den Kaufpreis mindern und/oder Schadensersatz fordern. Sollten Sie solche Schritte erwägen, raten wir Ihnen jedoch dringend, zuvor anwaltliche Beratung in Anspruch zu nehmen.

 **Prüf- und Rügepflicht** Eine Sonder- oder Zusatzregelung findet sich im Handelsgesetzbuch (§ 377 HGB). Danach besteht für den Empfänger einer Lieferung eine sogenannte Prüf- und Rügepflicht, also die Pflicht, die Ware umgehend auf Mängel zu prüfen und im Falle beschädigter Ware zu melden. Diese gilt allerdings nur, sofern das Geschäft für beide Seiten ein sogenanntes Handelsgeschäft ist, also zum Geschäftsbetrieb gehört. Ein solches dürfte bei Ihren Bestellungen für den Kindergarten vorliegen. Daher müssen Sie unbedingt dafür Sorge tragen, dass Ihnen geliefertes Spielzeug umgehend auf Mängel geprüft wird und – sollten Sie einen Mangel feststellen – dieser unverzüglich dem Verkäufer nachweislich (per Fax oder E-Mail) mitgeteilt wird. Was genau unter »umgehend« zu verstehen ist, hängt von den Umständen ab – länger als ein bis drei Tage sollten Sie mit der Prüfung aber nicht warten. Sie laufen sonst Gefahr, eine Einschränkung der oben beschriebenen Gewährleistungsrechte hinnehmen zu müssen. Ist der Mangel bei der ersten Prüfung nicht erkennbar, gilt das Gebot der umgehenden Anzeige des Mangels ab dem Zeitpunkt des Entdeckens.

# Anhang

# I. Gesetzestexte

## Arbeitsrecht

1. Allgemeines Gleichbehandlungsgesetz (AGG)
2. Sozialgesetzbuch VIII: Kinder- und Jugendhilfe (SGB VIII)
3. Arbeitszeitgesetz (ArbZG)
4. Bürgerliches Gesetzbuch (BGB), Dienstverhältnis
5. Bundesurlaubsgesetz (BUrlG)
6. Mutterschutzgesetz (MuSchG)
7. Bundeselterngeld- und Elternzeitgesetz (BEEG)

## Aufsichtspflicht und Haftung

8. Bürgerliches Gesetzbuch (BGB), Personensorge, Aufsicht, Haftung
9. Sozialgesetzbuch VIII: Kinder- und Jugendhilfe (SGB VIII), Schutzauftrag

## Datenschutz

10. Sozialgesetzbuch VIII: Kinder- und Jugendhilfe (SGB VIII), Datenschutz

## Weitere Rechtsgebiete

11. Bürgerliches Gesetzbuch (BGB), Umgang, elterliche Sorge bei getrennt lebenden Eltern
12. Bürgerliches Gesetzbuch (BGB), Kaufrecht
13. Bürgerliches Gesetzbuch (BGB), Mietrecht
14. Bundesimmissionsschutzgesetz (BImschG), Lärm aus Kitas

# II. Vorlagen/Muster

1. Protokoll zum Bewerbungsgespräch
2. Belehrung nach dem Infektionsschutzgesetz für »Eltern«
3. Belehrung nach IfSG für »Pädagogische Mitarbeiter«
4. Belehrung des pädagogischen Personals gemäß § 12 BioStoffVerordnung
5. Belehrung gemäß § 42 und § 43 Abs. 1 Nr. 1 Infektionsschutzgesetz (IfSG)
6. Muster Medikamentengabe

# I. Gesetzestexte

*Die aufgeführten Gesetzesauszüge haben wir dem Aufbau des Buches folgend zusammengestellt. Dieser Abschnitt beginnt daher mit Textausschnitten, die die Ausführungen zum arbeitsrechtlichen Teil illustrieren, gefolgt von Auszügen zu den Themenkomplexen Aufsichtspflicht und Haftung, Datenschutz, Familien- Miet- und Kaufrecht.*

## 1.  Allgemeines Gleichbehandlungsgesetz (AGG)

*Diese Paragrafen sind wichtig beim Verfassen von Stellenanzeigen, bei der Ausgestaltung des Vorstellungsgespräches und bei sonstigen Maßnahmen des Arbeitgebers im laufenden Betrieb (z. B. Beförderung).*

### § 1 Ziel des Gesetzes

Ziel des Gesetzes ist, Benachteiligungen aus Gründen der Rasse oder wegen der ethnischen Herkunft, des Geschlechts, der Religion oder Weltanschauung, einer Behinderung, des Alters oder der sexuellen Identität zu verhindern oder zu beseitigen.

### § 2 Anwendungsbereich

(1) Benachteiligungen aus einem in § 1 genannten Grund sind nach Maßgabe dieses Gesetzes unzulässig in Bezug auf:

1.   die Bedingungen, einschließlich Auswahlkriterien und Einstellungsbedingungen, für den Zugang zu unselbstständiger und selbstständiger Erwerbstätigkeit, unabhängig von Tätigkeitsfeld und beruflicher Position, sowie für den beruflichen Aufstieg,

2.   die Beschäftigungs- und Arbeitsbedingungen einschließlich Arbeitsentgelt und Entlassungsbedingungen, insbesondere in individual- und kollektivrechtlichen Vereinbarungen und Maßnahmen bei der Durchführung und Beendigung eines Beschäftigungsverhältnisses sowie beim beruflichen Aufstieg, [...]

### § 3 Begriffsbestimmungen

(1) Eine unmittelbare Benachteiligung liegt vor, wenn eine Person wegen eines in § 1 genannten Grundes eine weniger günstige Behandlung erfährt, als eine andere Person in einer vergleichbaren Situation erfährt, erfahren hat oder erfahren würde. Eine unmittelbare Benachteiligung wegen des Geschlechts liegt in Bezug auf § 2 Abs. 1 Nr. 1 bis 4 auch im Falle einer ungünstigeren Behandlung einer Frau wegen Schwangerschaft oder Mutterschaft vor.

(2) Eine mittelbare Benachteiligung liegt vor, wenn dem Anschein nach neutrale Vorschriften, Kriterien oder Verfahren Personen wegen eines in § 1 genannten Grundes gegenüber anderen Personen in besonderer Weise benachteiligen können, es sei denn, die betreffenden Vorschriften, Kriterien oder Verfahren sind durch ein rechtmäßiges Ziel sachlich gerechtfertigt und die Mittel sind zur Erreichung dieses Ziels angemessen und erforderlich.

(3) Eine Belästigung ist eine Benachteiligung, wenn unerwünschte Verhaltensweisen, die mit einem in § 1 genannten Grund in Zusammenhang stehen, bezwecken oder bewirken, dass die Würde der betreffenden Person verletzt und ein von Einschüchterungen, Anfeindungen, Erniedrigungen, Entwürdigungen oder Beleidigungen gekennzeichnetes Umfeld geschaffen wird.

(4) Eine sexuelle Belästigung ist eine Benachteiligung in Bezug auf § 2 Abs. 1 Nr. 1 bis 4, wenn ein unerwünschtes, sexuell bestimmtes Verhalten, wozu auch unerwünschte sexuelle Handlungen und Aufforderungen zu diesen, sexuell bestimmte körperliche Berührungen, Bemerkungen sexuellen Inhalts sowie unerwünschtes Zeigen und sichtbares Anbringen von pornographischen Darstellungen gehören, bezweckt oder bewirkt, dass die Würde der betreffenden Person verletzt wird, insbesondere wenn ein von Einschüchterungen, Anfeindungen, Erniedrigungen, Entwürdigungen oder Beleidigungen gekennzeichnetes Umfeld geschaffen wird.

(5) Die Anweisung zur Benachteiligung einer Person aus einem in § 1 genannten Grund gilt als Benachteiligung. Eine solche Anweisung liegt in Bezug auf § 2 Abs. 1 Nr. 1 bis 4 insbesondere vor, wenn jemand eine Person zu einem Verhalten bestimmt, das einen Beschäftigten oder eine Beschäftigte wegen eines in § 1 genannten Grundes benachteiligt oder benachteiligen kann.

## § 4 Unterschiedliche Behandlung wegen mehrerer Gründe

Erfolgt eine unterschiedliche Behandlung wegen mehrerer der in § 1 genannten Gründe, so kann diese unterschiedliche Behandlung nach den §§ 8 bis 10 und 20 nur gerechtfertigt werden, wenn sich die Rechtfertigung auf alle diese Gründe erstreckt, derentwegen die unterschiedliche Behandlung erfolgt.

## § 5 Positive Maßnahmen

Ungeachtet der in den §§ 8 bis 10 sowie in § 20 benannten Gründe ist eine unterschiedliche Behandlung auch zulässig, wenn durch geeignete und angemessene Maßnahmen bestehende Nachteile wegen eines in § 1 genannten Grundes verhindert oder ausgeglichen werden sollen.

## § 7 Benachteiligungsverbot

(1) Beschäftigte dürfen nicht wegen eines in § 1 genannten Grundes benachteiligt werden; dies gilt auch, wenn die Person, die die Benachteiligung begeht, das Vorliegen eines in § 1 genannten Grundes bei der Benachteiligung nur annimmt.

(2) Bestimmungen in Vereinbarungen, die gegen das Benachteiligungsverbot des Absatzes 1 verstoßen, sind unwirksam.

(3) Eine Benachteiligung nach Absatz 1 durch Arbeitgeber oder Beschäftigte ist eine Verletzung vertraglicher Pflichten.

## § 8 Zulässige unterschiedliche Behandlung wegen beruflicher Anforderungen

(1) Eine unterschiedliche Behandlung wegen eines in § 1 genannten Grundes ist zulässig, wenn dieser Grund wegen der Art der auszuübenden Tätigkeit oder der Bedingungen ihrer Ausübung eine wesentliche und entscheidende berufliche Anforderung darstellt, sofern der Zweck rechtmäßig und die Anforderung angemessen ist.

(2) Die Vereinbarung einer geringeren Vergütung für gleiche oder gleichwertige Arbeit wegen eines in § 1 genannten Grundes wird nicht dadurch gerechtfertigt, dass wegen eines in § 1 genannten Grundes besondere Schutzvorschriften gelten.

## § 9 Zulässige unterschiedliche Behandlung wegen der Religion oder Weltanschauung

(1) Ungeachtet des § 8 ist eine unterschiedliche Behandlung wegen der Religion oder der Weltanschauung bei der Beschäftigung durch Religionsgemeinschaften, die ihnen zugeordneten Ein-

richtungen ohne Rücksicht auf ihre Rechtsform oder durch Vereinigungen, die sich die gemeinschaftliche Pflege einer Religion oder Weltanschauung zur Aufgabe machen, auch zulässig, wenn eine bestimmte Religion oder Weltanschauung unter Beachtung des Selbstverständnisses der jeweiligen Religionsgemeinschaft oder Vereinigung im Hinblick auf ihr Selbstbestimmungsrecht oder nach der Art der Tätigkeit eine gerechtfertigte berufliche Anforderung darstellt.

(2) Das Verbot unterschiedlicher Behandlung wegen der Religion oder der Weltanschauung berührt nicht das Recht der in Absatz 1 genannten Religionsgemeinschaften, der ihnen zugeordneten Einrichtungen ohne Rücksicht auf ihre Rechtsform oder der Vereinigungen, die sich die gemeinschaftliche Pflege einer Religion oder Weltanschauung zur Aufgabe machen, von ihren Beschäftigten ein loyales und aufrichtiges Verhalten im Sinne ihres jeweiligen Selbstverständnisses verlangen zu können.

## § 11 Ausschreibung

Ein Arbeitsplatz darf nicht unter Verstoß gegen § 7 Abs. 1 ausgeschrieben werden.

## § 12 Maßnahmen und Pflichten des Arbeitgebers

(1) Der Arbeitgeber ist verpflichtet, die erforderlichen Maßnahmen zum Schutz vor Benachteiligungen wegen eines in § 1 genannten Grundes zu treffen. Dieser Schutz umfasst auch vorbeugende Maßnahmen.

(2) Der Arbeitgeber soll in geeigneter Art und Weise, insbesondere im Rahmen der beruflichen Aus- und Fortbildung, auf die Unzulässigkeit solcher Benachteiligungen hinweisen und darauf hinwirken, dass diese unterbleiben. Hat der Arbeitgeber seine Beschäftigten in geeigneter Weise zum Zwecke der Verhinderung von Benachteiligung geschult, gilt dies als Erfüllung seiner Pflichten nach Absatz 1.

(3) Verstoßen Beschäftigte gegen das Benachteiligungsverbot des § 7 Abs. 1, so hat der Arbeitgeber die im Einzelfall geeigneten, erforderlichen und angemessene Maßnahmen zur Unterbindung der Benachteiligung wie Abmahnung, Umsetzung, Versetzung oder Kündigung zu ergreifen.

(4) Werden Beschäftigte bei der Ausübung ihrer Tätigkeit durch Dritte nach § 7 Abs. 1 benachteiligt, so hat der Arbeitgeber die im Einzelfall geeigneten, erforderlichen und angemessenen Maßnahmen zum Schutz der Beschäftigten zu ergreifen.

(5) Dieses Gesetz und § 61b des Arbeitsgerichtsgesetzes sowie Informationen über die für die Behandlung von Beschwerden nach § 13 zuständigen Stellen sind im Betrieb oder in der Dienststelle bekannt zu machen. Die Bekanntmachung kann durch Aushang oder Auslegung an geeigneter Stelle oder den Einsatz der im Betrieb oder der Dienststelle üblichen Informations- und Kommunikationstechnik erfolgen.

## § 13 Beschwerderecht

(1) Die Beschäftigten haben das Recht, sich bei den zuständigen Stellen des Betriebs, des Unternehmens oder der Dienststelle zu beschweren, wenn sie sich im Zusammenhang mit ihrem Beschäftigungsverhältnis vom Arbeitgeber, von Vorgesetzten, anderen Beschäftigten oder Dritten wegen eines in § 1 genannten Grundes benachteiligt fühlen. Die Beschwerde ist zu prüfen und das Ergebnis der oder dem Beschwerdeführenden Beschäftigten mitzuteilen.

## 2. Sozialgesetzbuch VIII: Kinder- und Jugendhilfe (SGB VIII)

*Der folgende Gesetzestext bildet die Rechtsgrundlage für Anforderungen, die im Rahmen der Bewerberaus-*
*wahl von Bedeutung sind. Er begründet die Vorlage eines erweiterten Führungszeugnisses und rechtfertigt im*
*Vorstellungsgespräch Fragen nach Vorstrafen wegen Sexualdelikten, Verbreitung, Erwerbs oder des Besitzes*
*kinderpornografischer Schriften, der Verletzung der Fürsorge- oder Erziehungspflicht und der Misshandlung*
*von Schutzbefohlenen.*

### § 72a Tätigkeitsausschluss einschlägig vorbestrafter Personen

(1) Die Träger der öffentlichen Jugendhilfe dürfen für die Wahrnehmung der Aufgaben in der
Kinder- und Jugendhilfe keine Person beschäftigen oder vermitteln, die rechtskräftig wegen einer
Straftat nach den §§ 171, 174 bis 174c, 176 bis 180a, 181a, 182 bis 184f, 225, 232 bis 233a, 234, 235 oder
236 des Strafgesetzbuchs verurteilt worden ist. Zu diesem Zweck sollen sie sich bei der Einstellung
oder Vermittlung und in regelmäßigen Abständen von den betroffenen Personen ein Führungszeugnis nach § 30 Absatz 5 und § 30a Absatz 1 des Bundeszentralregistergesetzes vorlegen lassen.

(2) Die Träger der öffentlichen Jugendhilfe sollen durch Vereinbarungen mit den Trägern der frei-
en Jugendhilfe sicherstellen, dass diese keine Person, die wegen einer Straftat nach Absatz 1 Satz 1
rechtskräftig verurteilt worden ist, beschäftigen.

(3) Die Träger der öffentlichen Jugendhilfe sollen sicherstellen, dass unter ihrer Verantwortung
keine neben- oder ehrenamtlich tätige Person, die wegen einer Straftat nach Absatz 1 Satz 1 rechtskräftig verurteilt worden ist, in Wahrnehmung von Aufgaben der Kinder- und Jugendhilfe Kinder
oder Jugendliche beaufsichtigt, betreut, erzieht oder ausbildet oder einen vergleichbaren Kontakt
hat. Hierzu sollen die Träger der öffentlichen Jugendhilfe über die Tätigkeiten entscheiden, die
von den in Satz 1 genannten Personen auf Grund von Art, Intensität und Dauer des Kontakts dieser
Personen mit Kindern und Jugendlichen nur nach Einsichtnahme in das Führungszeugnis nach
Absatz 1 Satz 2 wahrgenommen werden dürfen.

(4) Die Träger der öffentlichen Jugendhilfe sollen durch Vereinbarungen mit den Trägern der frei-
en Jugendhilfe sowie mit Vereinen im Sinne des § 54 sicherstellen, dass unter deren Verantwortung keine neben- oder ehrenamtlich tätige Person, die wegen einer Straftat nach Absatz 1 Satz 1
rechtskräftig verurteilt worden ist, in Wahrnehmung von Aufgaben der Kinder- und Jugendhilfe
Kinder oder Jugendliche beaufsichtigt, betreut, erzieht oder ausbildet oder einen vergleichbaren
Kontakt hat. Hierzu sollen die Träger der öffentlichen Jugendhilfe mit den Trägern der freien Jugendhilfe Vereinbarungen über die Tätigkeiten schließen, die von den in Satz 1 genannten Personen auf Grund von Art, Intensität und Dauer des Kontakts dieser Personen mit Kindern und
Jugendlichen nur nach Einsichtnahme in das Führungszeugnis nach Absatz 1 Satz 2 wahrgenommen werden dürfen.

(5) Träger der öffentlichen und freien Jugendhilfe dürfen von den nach den Absätzen 3 und 4 ein-
gesehenen Daten nur den Umstand, dass Einsicht in ein Führungszeugnis genommen wurde,
das Datum des Führungszeugnisses und die Information erheben, ob die das Führungszeugnis
betreffende Person wegen einer Straftat nach Absatz 1 Satz 1 rechtskräftig verurteilt worden ist.
Die Träger der öffentlichen und freien Jugendhilfe dürfen diese erhobenen Daten nur speichern,
verändern und nutzen, soweit dies zum Ausschluss der Personen von der Tätigkeit, die Anlass
zu der Einsichtnahme in das Führungszeugnis gewesen ist, erforderlich ist. Die Daten sind vor
dem Zugriff Unbefugter zu schützen. Sie sind unverzüglich zu löschen, wenn im Anschluss an

die Einsichtnahme keine Tätigkeit nach Absatz 3 Satz 2 oder Absatz 4 Satz 2 wahrgenommen wird. Andernfalls sind die Daten spätestens drei Monate nach der Beendigung einer solchen Tätigkeit zu löschen.

## 3. Arbeitszeitgesetz (ArbZG)

*Dieses Gesetz müssen Sie in vollständiger Fassung im Betrieb aushängen. Wir haben daher hier vom auszugsweisen Abdruck abgesehen. Sie finden es unter www.gesetzte-im-internet.de.*

## 4. Bürgerliches Gesetzbuch (BGB), Dienstverhältnis

*Hier finden Sie die Grundregeln, die bei der Beendigung eines Arbeitsverhältnisses zu beachten sind.*

### § 612a Maßregelungsverbot
Der Arbeitgeber darf einen Arbeitnehmer bei einer Vereinbarung oder einer Maßnahme nicht benachteiligen, weil der Arbeitnehmer in zulässiger Weise seine Rechte ausübt.

### § 620 Beendigung des Dienstverhältnisses
(1) Das Dienstverhältnis endigt mit dem Ablauf der Zeit, für die es eingegangen ist.
(2) Ist die Dauer des Dienstverhältnisses weder bestimmt noch aus der Beschaffenheit oder dem Zwecke der Dienste zu entnehmen, so kann jeder Teil das Dienstverhältnis nach Maßgabe der §§ 621 bis 623 kündigen.
(3) Für Arbeitsverträge, die auf bestimmte Zeit abgeschlossen werden, gilt das Teilzeit- und Befristungsgesetz.

### § 622 Kündigungsfristen bei Arbeitsverhältnissen
(1) Das Arbeitsverhältnis eines Arbeiters oder eines Angestellten (Arbeitnehmers) kann mit einer Frist von vier Wochen zum Fünfzehnten oder zum Ende eines Kalendermonats gekündigt werden.
(2) Für eine Kündigung durch den Arbeitgeber beträgt die Kündigungsfrist, wenn das Arbeitsverhältnis in dem Betrieb oder Unternehmen
1. zwei Jahre bestanden hat, einen Monat zum Ende eines Kalendermonats,
2. fünf Jahre bestanden hat, zwei Monate zum Ende eines Kalendermonats,
3. acht Jahre bestanden hat, drei Monate zum Ende eines Kalendermonats,
4. zehn Jahre bestanden hat, vier Monate zum Ende eines Kalendermonats,
5. zwölf Jahre bestanden hat, fünf Monate zum Ende eines Kalendermonats,
6. 15 Jahre bestanden hat, sechs Monate zum Ende eines Kalendermonats,
7. 20 Jahre bestanden hat, sieben Monate zum Ende eines Kalendermonats.
Bei der Berechnung der Beschäftigungsdauer werden Zeiten, die vor der Vollendung des 25. Lebensjahrs des Arbeitnehmers liegen, nicht berücksichtigt *[diese Regelung stellt eine Diskriminierung wegen des Alters dar und ist daher nicht mehr anwendbar, Anm. d. Verf.]*.
(3) Während einer vereinbarten Probezeit, längstens für die Dauer von sechs Monaten, kann das Arbeitsverhältnis mit einer Frist von zwei Wochen gekündigt werden.

(4) Von den Absätzen 1 bis 3 abweichende Regelungen können durch Tarifvertrag vereinbart werden. Im Geltungsbereich eines solchen Tarifvertrags gelten die abweichenden tarifvertraglichen Bestimmungen zwischen nicht tarifgebundenen    Arbeitgebern und Arbeitnehmern, wenn ihre Anwendung zwischen ihnen vereinbart ist.

(5) Einzelvertraglich kann eine kürzere als die in Absatz 1 genannte Kündigungsfrist nur vereinbart werden,

1. wenn ein Arbeitnehmer zur vorübergehenden Aushilfe eingestellt ist; dies gilt nicht, wenn das Arbeitsverhältnis über die Zeit von drei Monaten hinaus fortgesetzt wird;

2. wenn der Arbeitgeber in der Regel nicht mehr als 20 Arbeitnehmer ausschließlich der zu ihrer Berufsbildung Beschäftigten beschäftigt und die Kündigungsfrist vier Wochen nicht unterschreitet.

Bei der Feststellung der Zahl der beschäftigten Arbeitnehmer sind teilzeitbeschäftigte Arbeitnehmer mit einer regelmäßigen wöchentlichen Arbeitszeit von nicht mehr als 20 Stunden mit 0,5 und nicht mehr als 30 Stunden mit 0,75 zu berücksichtigen. Die einzelvertragliche Vereinbarung längerer als der in den Absätzen 1 bis 3 genannten Kündigungsfristen bleibt hiervon unberührt.

(6) Für die Kündigung des Arbeitsverhältnisses durch den Arbeitnehmer darf keine längere Frist vereinbart werden als für die Kündigung durch den Arbeitgeber.

## § 623 Schriftform der Kündigung

Die Beendigung von Arbeitsverhältnissen durch Kündigung oder Auflösungsvertrag bedürfen zu ihrer Wirksamkeit der Schriftform; die elektronische Form ist ausgeschlossen.

## § 624 Kündigungsfrist bei Verträgen über mehr als fünf Jahre

Ist das Dienstverhältnis für die Lebenszeit einer Person oder für längere Zeit als fünf Jahre eingegangen, so kann es von dem Verpflichteten nach dem Ablauf von fünf Jahren gekündigt werden. Die Kündigungsfrist beträgt sechs Monate.

## § 625 Stillschweigende Verlängerung

Wird das Dienstverhältnis nach dem Ablauf der Dienstzeit von dem Verpflichteten mit Wissen des anderen Teiles fortgesetzt, so gilt es als auf unbestimmte Zeit verlängert, sofern nicht der andere Teil unverzüglich widerspricht.

## § 626 Fristlose Kündigung aus wichtigem Grund

(1) Das Dienstverhältnis kann von jedem Vertragsteil aus wichtigem Grund ohne Einhaltung einer Kündigungsfrist gekündigt werden, wenn Tatsachen vorliegen, auf Grund derer dem Kündigenden unter Berücksichtigung aller Umstände des Einzelfalles und unter Abwägung der Interessen beider Vertragsteile die Fortsetzung
des Dienstverhältnisses bis zum Ablauf der Kündigungsfrist oder bis zu der vereinbarten Beendigung des Dienstverhältnisses nicht zugemutet werden kann.

(2) Die Kündigung kann nur innerhalb von zwei Wochen erfolgen. Die Frist beginnt mit dem Zeitpunkt, in dem der Kündigungsberechtigte von den für die Kündigung maßgebenden Tatsachen Kenntnis erlangt. Der Kündigende muss dem anderen Teil auf Verlangen den Kündigungsgrund unverzüglich schriftlich mitteilen.

### § 627 Fristlose Kündigung bei Vertrauensstellung

(1) Bei einem Dienstverhältnis, das kein Arbeitsverhältnis im Sinne des § 622 ist, ist die Kündigung auch ohne die in § 626 bezeichnete Voraussetzung zulässig, wenn der zur Dienstleistung Verpflichtete, ohne in einem dauernden Dienstverhältnis mit festen Bezügen zu stehen, Dienste höherer Art zu leisten hat, die auf Grund besonderen Vertrauens übertragen zu werden pflegen.

(2) Der Verpflichtete darf nur in der Art kündigen, dass sich der Dienstberechtigte die Dienste anderweit beschaffen kann, es sei denn, dass ein wichtiger Grund für die unzeitige Kündigung vorliegt. Kündigt er ohne solchen Grund zur Unzeit, so hat er dem Dienstberechtigten den daraus entstehenden Schaden zu ersetzen.

## 5.  Bundesurlaubsgesetz (BUrlG)

*Hier finden sich die Grundregeln zum sicheren Umgang mit Urlaubswünschen des Personals zusammengestellt.*

### § 1 Urlaubsanspruch

Jeder Arbeitnehmer hat in jedem Kalenderjahr Anspruch auf bezahlten Erholungsurlaub.

### § 2 Geltungsbereich

Arbeitnehmer im Sinne des Gesetzes sind Arbeiter und Angestellte sowie die zu ihrer Berufsausbildung Beschäftigten. Als Arbeitnehmer gelten auch Personen, die wegen ihrer wirtschaftlichen Unselbständigkeit als arbeitnehmerähnliche Personen anzusehen sind; für den Bereich der Heimarbeit gilt § 12.

### § 3 Dauer des Urlaubs

(1) Der Urlaub beträgt jährlich mindestens 24 Werktage.

(2) Als Werktage gelten alle Kalendertage, die nicht Sonn- oder gesetzliche Feiertage sind.

### § 4 Wartezeit

Der volle Urlaubsanspruch wird erstmalig nach sechsmonatigem Bestehen des Arbeitsverhältnisses erworben.

### § 5 Teilurlaub

(1) Anspruch auf ein Zwölftel des Jahresurlaubs für jeden vollen Monat des Bestehens des Arbeitsverhältnisses hat der Arbeitnehmer

a) für Zeiten eines Kalenderjahrs, für die er wegen Nichterfüllung der Wartezeit in diesem Kalenderjahr keinen vollen Urlaubsanspruch erwirbt;

b) wenn er vor erfüllter Wartezeit aus dem Arbeitsverhältnis ausscheidet;

c) wenn er nach erfüllter Wartezeit in der ersten Hälfte eines Kalenderjahrs aus dem Arbeitsverhältnis ausscheidet.

(2) Bruchteile von Urlaubstagen, die mindestens einen halben Tag ergeben, sind auf volle Urlaubstage aufzurunden.

(3) Hat der Arbeitnehmer im Falle des Absatzes 1 Buchstabe c bereits Urlaub über den ihm zustehenden Umfang hinaus erhalten, so kann das dafür gezahlte Urlaubsentgelt nicht zurückgefordert werden.

### § 6 Ausschluß von Doppelansprüchen

(1) Der Anspruch auf Urlaub besteht nicht, soweit dem Arbeitnehmer für das laufende Kalenderjahr bereits von einem früheren Arbeitgeber Urlaub gewährt worden ist.

(2) Der Arbeitgeber ist verpflichtet, bei Beendigung des Arbeitsverhältnisses dem Arbeitnehmer eine Bescheinigung über den im laufenden Kalenderjahr gewährten oder abgegoltenen Urlaub auszuhändigen.

### § 7 Zeitpunkt, Übertragbarkeit und Abgeltung des Urlaubs

(1) Bei der zeitlichen Festlegung des Urlaubs sind die Urlaubswünsche des Arbeitnehmers zu berücksichtigen, es sei denn, dass ihrer Berücksichtigung dringende betriebliche Belange oder Urlaubswünsche anderer Arbeitnehmer, die unter sozialen Gesichtspunkten den Vorrang verdienen, entgegenstehen. Der Urlaub ist zu gewähren, wenn der Arbeitnehmer dies im Anschluss an eine Maßnahme der medizinischen Vorsorge oder Rehabilitation verlangt.

(2) Der Urlaub ist zusammenhängend zu gewähren, es sei denn, daß dringende betriebliche oder in der Person des Arbeitnehmers liegende Gründe eine Teilung des Urlaubs erforderlich machen. Kann der Urlaub aus diesen Gründen nicht zusammenhängend gewährt werden, und hat der Arbeitnehmer Anspruch auf Urlaub von mehr als zwölf Werktagen, so muß einer der Urlaubsteile mindestens zwölf aufeinanderfolgende Werktage umfassen.

(3) Der Urlaub muß im laufenden Kalenderjahr gewährt und genommen werden. Eine Übertragung des Urlaubs auf das nächste Kalenderjahr ist nur statthaft, wenn dringende betriebliche oder in der Person des Arbeitnehmers liegende Gründe dies rechtfertigen. Im Fall der Übertragung muß der Urlaub in den ersten drei Monaten des folgenden Kalenderjahrs gewährt und genommen werden. Auf Verlangen des Arbeitnehmers ist ein nach § 5 Abs. 1 Buchstabe a entstehender Teilurlaub jedoch auf das nächste Kalenderjahr zu übertragen.

(4) Kann der Urlaub wegen Beendigung des Arbeitsverhältnisses ganz oder teilweise nicht mehr gewährt werden, so ist er abzugelten.

### § 8 Erwerbstätigkeit während des Urlaubs

Während des Urlaubs darf der Arbeitnehmer keine dem Urlaubszweck widersprechende Erwerbstätigkeit leisten.

### § 9 Erkrankung während des Urlaubs

Erkrankt ein Arbeitnehmer während des Urlaubs, so werden die durch ärztliches Zeugnis nachgewiesenen Tage der Arbeitsunfähigkeit auf den Jahresurlaub nicht angerechnet.

### § 10 Maßnahmen der medizinischen Vorsorge oder Rehabilitation

Maßnahmen der medizinischen Vorsorge oder Rehabilitation dürfen nicht auf den Urlaub angerechnet werden, soweit ein Anspruch auf Fortzahlung des Arbeitsentgelts nach den gesetzlichen Vorschriften über die Entgeltfortzahlung im Krankheitsfall besteht.

## 6. Mutterschutzgesetz (MuSchG)

*Dieses Gesetz müssen Sie in vollständiger Fassung im Betrieb aushängen. Wir haben daher hier vom auszugs-*
*weisen Abdruck abgesehen. Sie finden es unter www.gesetzte-im-internet.de.*

## 7. Bundeselterngeld- und Elternzeitgesetz (BEEG)

*Das BEEG ist zugegebenermaßen ein sehr unübersichtliches Gesetz. Wir haben hier den zweiten Teil dennoch*
*abgedruckt, weil es in vielfältiger Weise auf das Arbeitsverhältnis einwirkt (unter anderem regelt es Kündi-*
*gungsmöglichkeiten, -fristen, Urlaubsansprüche, Teilzeitarbeit). Wir halten daher ein »Problembewusstsein«*
*in diesem Rechtsabschnitt für außerordentlich wichtig.*

### § 15 Anspruch auf Elternzeit

(1) Arbeitnehmerinnen und Arbeitnehmer haben Anspruch auf Elternzeit, wenn sie
1. a) mit ihrem Kind,
b) mit einem Kind, für das sie die Anspruchsvoraussetzungen nach § 1 Abs. 3 oder 4 erfüllen, oder
c) mit einem Kind, das sie in Vollzeitpflege nach § 33 des Achten Buches Sozialgesetzbuch aufgenommen haben,
in einem Haushalt leben und
2. dieses Kind selbst betreuen und erziehen.
Nicht sorgeberechtigte Elternteile und Personen, die nach Satz 1 Nr. 1 Buchstabe b und c Elternzeit
nehmen können, bedürfen der Zustimmung des sorgeberechtigten Elternteils.
(1a) Anspruch auf Elternzeit haben Arbeitnehmer und Arbeitnehmerinnen auch, wenn sie mit ihrem Enkelkind in einem Haushalt leben und dieses Kind selbst betreuen und erziehen und
1. ein Elternteil des Kindes minderjährig ist oder 2. ein Elternteil des Kindes sich im letzten oder
vorletzten Jahr einer Ausbildung befindet, die vor Vollendung des 18. Lebensjahres begonnen
wurde und die Arbeitskraft des Elternteils im Allgemeinen voll in Anspruch nimmt.
Der Anspruch besteht nur für Zeiten, in denen keiner der Elternteile des Kindes selbst Elternzeit
beansprucht.
(2) Der Anspruch auf Elternzeit besteht bis zur Vollendung des dritten Lebensjahres eines Kindes. Die Zeit der Mutterschutzfrist nach § 6 Abs. 1 des Mutterschutzgesetzes wird auf die Begren-
zung nach Satz 1 angerechnet. Bei mehreren Kindern besteht der Anspruch auf Elternzeit für jedes
Kind, auch wenn sich die Zeiträume im Sinne von Satz 1 überschneiden. Ein Anteil der Elternzeit
von bis zu zwölf Monaten ist mit Zustimmung des Arbeitgebers auf die Zeit bis zur Vollendung
des achten Lebensjahres übertragbar; dies gilt auch, wenn sich die Zeiträume im Sinne von Satz 1
bei mehreren Kindern überschneiden. Bei einem angenommenen Kind und bei einem Kind in
Vollzeit- oder Adoptionspflege kann Elternzeit von insgesamt bis zu drei Jahren ab der Aufnahme
bei der berechtigten Person, längstens bis zur Vollendung des achten Lebensjahres des Kindes
genommen werden; die Sätze 3 und 4 sind entsprechend anwendbar, soweit sie die zeitliche Auf-
teilung regeln. Der Anspruch kann nicht durch Vertrag ausgeschlossen oder beschränkt werden.
(3) Die Elternzeit kann, auch anteilig, von jedem Elternteil allein oder von beiden Elternteilen gemeinsam genommen werden. Satz 1 gilt in den Fällen des Absatzes 1 Satz 1 Nr. 1 Buchstabe b und c
entsprechend.

(4) Der Arbeitnehmer oder die Arbeitnehmerin darf während der Elternzeit nicht mehr als 30 Wochenstunden im Durchschnitt des Monats erwerbstätig sein. Eine im Sinne des § 23 des Achten Buches Sozialgesetzbuch geeignete Tagespflegeperson kann bis zu fünf Kinder in Tagespflege betreuen, auch wenn die wöchentliche Betreuungszeit 30 Stunden übersteigt. Teilzeitarbeit bei einem anderen Arbeitgeber oder selbstständige Tätigkeit nach Satz 1 bedürfen der Zustimmung des Arbeitgebers. Dieser kann sie nur innerhalb von vier Wochen aus dringenden betrieblichen Gründen schriftlich ablehnen.

(5) Der Arbeitnehmer oder die Arbeitnehmerin kann eine Verringerung der Arbeitszeit und ihre Ausgestaltung beantragen. Über den Antrag sollen sich der Arbeitgeber und der Arbeitnehmer oder die Arbeitnehmerin innerhalb von vier Wochen einigen. Der Antrag kann mit der schriftlichen Mitteilung nach Absatz 7 Satz 1 Nr. 5 verbunden werden. Unberührt bleibt das Recht, sowohl die vor der Elternzeit bestehende Teilzeitarbeit unverändert während der Elternzeit fortzusetzen, soweit Absatz 4 beachtet ist, als auch nach der Elternzeit zu der Arbeitszeit zurückzukehren, die vor Beginn der Elternzeit vereinbart war.

(6) Der Arbeitnehmer oder die Arbeitnehmerin kann gegenüber dem Arbeitgeber, soweit eine Einigung nach Absatz 5 nicht möglich ist, unter den Voraussetzungen des Absatzes 7 während der Gesamtdauer der Elternzeit zweimal eine Verringerung seiner oder ihrer Arbeitszeit beanspruchen.

(7) Für den Anspruch auf Verringerung der Arbeitszeit gelten folgende Voraussetzungen:
1. Der Arbeitgeber beschäftigt, unabhängig von der Anzahl der Personen in Berufsbildung, in der Regel mehr als 15 Arbeitnehmer und Arbeitnehmerinnen,
2. das Arbeitsverhältnis in demselben Betrieb oder Unternehmen besteht ohne Unterbrechung länger als sechs Monate,
3. die vertraglich vereinbarte regelmäßige Arbeitszeit soll für mindestens zwei Monate auf einen Umfang zwischen 15 und 30 Wochenstunden verringert werden,
4. dem Anspruch stehen keine dringenden betrieblichen Gründe entgegen und
5. der Anspruch wurde dem Arbeitgeber sieben Wochen vor Beginn der Tätigkeit schriftlich mitgeteilt.
Der Antrag muss den Beginn und den Umfang der verringerten Arbeitszeit enthalten. Die gewünschte Verteilung der verringerten Arbeitszeit soll im Antrag angegeben werden. Falls der Arbeitgeber die beanspruchte Verringerung der Arbeitszeit ablehnen will, muss er dies innerhalb von vier Wochen mit schriftlicher Begründung tun. Soweit der Arbeitgeber der Verringerung der Arbeitszeit nicht oder nicht rechtzeitig zustimmt, kann der Arbeitnehmer oder die Arbeitnehmerin Klage vor den Gerichten für Arbeitssachen erheben.

### § 16 Inanspruchnahme der Elternzeit

(1) Wer Elternzeit beanspruchen will, muss sie spätestens sieben Wochen vor Beginn schriftlich vom Arbeitgeber verlangen und gleichzeitig erklären, für welche Zeiten innerhalb von zwei Jahren Elternzeit genommen werden soll. Bei dringenden Gründen ist ausnahmsweise eine angemessene kürzere Frist möglich. Nimmt die Mutter die Elternzeit im Anschluss an die Mutterschutzfrist, wird die Zeit der Mutterschutzfrist nach § 6 Abs. 1 des Mutterschutzgesetzes auf den Zeitraum nach Satz 1 angerechnet. Nimmt die Mutter die Elternzeit im Anschluss an einen auf die Mutterschutzfrist folgenden Erholungsurlaub, werden die Zeit der Mutterschutzfrist nach § 6 Abs. 1 des Mutterschutzgesetzes und die Zeit des Erholungsurlaubs auf den Zweijahreszeitraum nach Satz 1

angerechnet. Die Elternzeit kann auf zwei Zeitabschnitte verteilt werden; eine Verteilung auf weitere Zeitabschnitte ist nur mit der Zustimmung des Arbeitgebers möglich. Der Arbeitgeber hat dem Arbeitnehmer oder der Arbeitnehmerin die Elternzeit zu bescheinigen.

(2) Können Arbeitnehmerinnen und Arbeitnehmer aus einem von ihnen nicht zu vertretenden Grund eine sich unmittelbar an die Mutterschutzfrist des § 6 Abs. 1 des Mutterschutzgesetzes anschließende Elternzeit nicht rechtzeitig verlangen, können sie dies innerhalb einer Woche nach Wegfall des Grundes nachholen.

(3) Die Elternzeit kann vorzeitig beendet oder im Rahmen des § 15 Absatz 2 verlängert werden, wenn der Arbeitgeber zustimmt. Die vorzeitige Beendigung wegen der Geburt eines weiteren Kindes oder in Fällen besonderer Härte, insbesondere bei Eintritt einer schweren Krankheit, Schwerbehinderung oder Tod eines Elternteils oder eines Kindes der berechtigten Person oder bei erheblich gefährdeter wirtschaftlicher Existenz der Eltern nach Inanspruchnahme der Elternzeit, kann der Arbeitgeber unbeschadet von Satz 3 nur innerhalb von vier Wochen aus dringenden betrieblichen Gründen schriftlich ablehnen. Die Elternzeit kann zur Inanspruchnahme der Schutzfristen des § 3 Absatz 2 und des § 6 Absatz 1 des Mutterschutzgesetzes auch ohne Zustimmung des Arbeitgebers vorzeitig beendet werden; in diesen Fällen soll die Arbeitnehmerin dem Arbeitgeber die Beendigung der Elternzeit rechtzeitig mitteilen. Eine Verlängerung der Elternzeit kann verlangt werden, wenn ein vorgesehener Wechsel der Anspruchsberechtigten aus einem wichtigen Grund nicht erfolgen kann.

(4) Stirbt das Kind während der Elternzeit, endet diese spätestens drei Wochen nach dem Tod des Kindes.

(5) Eine Änderung in der Anspruchsberechtigung hat der Arbeitnehmer oder die Arbeitnehmerin dem Arbeitgeber unverzüglich mitzuteilen.

## § 17 Urlaub

(1) Der Arbeitgeber kann den Erholungsurlaub, der dem Arbeitnehmer oder der Arbeitnehmerin für das Urlaubsjahr zusteht, für jeden vollen Kalendermonat der Elternzeit um ein Zwölftel kürzen. Dies gilt nicht, wenn der Arbeitnehmer oder die Arbeitnehmerin während der Elternzeit bei seinem oder ihrem Arbeitgeber Teilzeitarbeit leistet.

(2) Hat der Arbeitnehmer oder die Arbeitnehmerin den ihm oder ihr zustehenden Urlaub vor dem Beginn der Elternzeit nicht oder nicht vollständig erhalten, hat der Arbeitgeber den Resturlaub nach der Elternzeit im laufenden oder im nächsten Urlaubsjahr zu gewähren.

(3) Endet das Arbeitsverhältnis während der Elternzeit oder wird es im Anschluss an die Elternzeit nicht fortgesetzt, so hat der Arbeitgeber den noch nicht gewährten Urlaub abzugelten.

(4) Hat der Arbeitnehmer oder die Arbeitnehmerin vor Beginn der Elternzeit mehr Urlaub erhalten, als ihm oder ihr nach Absatz 1 zusteht, kann der Arbeitgeber den Urlaub, der dem Arbeitnehmer oder der Arbeitnehmerin nach dem Ende der Elternzeit zusteht, um die zu viel gewährten Urlaubstage kürzen.

## § 18 Kündigungsschutz

(1) Der Arbeitgeber darf das Arbeitsverhältnis ab dem Zeitpunkt, von dem an Elternzeit verlangt worden ist, höchstens jedoch acht Wochen vor Beginn der Elternzeit, und während der Elternzeit nicht kündigen. In besonderen Fällen kann ausnahmsweise eine Kündigung für zulässig erklärt werden. Die Zulässigkeitserklärung erfolgt durch die für den Arbeitsschutz zuständige oberste

Landesbehörde oder die von ihr bestimmte Stelle. Die Bundesregierung kann mit Zustimmung des Bundesrates allgemeine Verwaltungsvorschriften zur Durchführung des Satzes 2 erlassen.

(2) Absatz 1 gilt entsprechend, wenn Arbeitnehmer oder Arbeitnehmerinnen

1. während der Elternzeit bei demselben Arbeitgeber Teilzeitarbeit leisten oder

2. ohne Elternzeit in Anspruch zu nehmen, Teilzeitarbeit leisten und Anspruch auf Elterngeld nach § 1 während des Bezugszeitraums nach § 4 Abs. 1 haben.

### § 19 Kündigung zum Ende der Elternzeit

Der Arbeitnehmer oder die Arbeitnehmerin kann das Arbeitsverhältnis zum Ende der Elternzeit nur unter Einhaltung einer Kündigungsfrist von drei Monaten kündigen.

### § 20 Zur Berufsbildung Beschäftigte, in Heimarbeit Beschäftigte

(1) Die zu ihrer Berufsbildung Beschäftigten gelten als Arbeitnehmer oder Arbeitnehmerinnen im Sinne dieses Gesetzes. Die Elternzeit wird auf Berufsbildungszeiten nicht angerechnet. [...]

### § 21 Befristete Arbeitsverträge

(1) Ein sachlicher Grund, der die Befristung eines Arbeitsverhältnisses rechtfertigt, liegt vor, wenn ein Arbeitnehmer oder eine Arbeitnehmerin zur Vertretung eines anderen Arbeitnehmers oder einer anderen Arbeitnehmerin für die Dauer eines Beschäftigungsverbotes nach dem Mutterschutzgesetz, einer Elternzeit, einer auf Tarifvertrag, Betriebsvereinbarung oder einzelvertraglicher Vereinbarung beruhenden Arbeitsfreistellung zur Betreuung eines Kindes oder für diese Zeiten zusammen oder für Teile davon eingestellt wird.

(2) Über die Dauer der Vertretung nach Absatz 1 hinaus ist die Befristung für notwendige Zeiten einer Einarbeitung zulässig.

(3) Die Dauer der Befristung des Arbeitsvertrags muss kalendermäßig bestimmt oder bestimmbar oder den in den Absätzen 1 und 2 genannten Zwecken zu entnehmen sein.

(4) Der Arbeitgeber kann den befristeten Arbeitsvertrag unter Einhaltung einer Frist von mindestens drei Wochen, jedoch frühestens zum Ende der Elternzeit, kündigen, wenn die Elternzeit ohne Zustimmung des Arbeitgebers vorzeitig endet und der Arbeitnehmer oder die Arbeitnehmerin die vorzeitige Beendigung der Elternzeit mitgeteilt hat. Satz 1 gilt entsprechend, wenn der Arbeitgeber die vorzeitige Beendigung der Elternzeit in den Fällen des § 16 Abs. 3 Satz 2 nicht ablehnen darf.

(5) Das Kündigungsschutzgesetz ist im Falle des Absatzes 4 nicht anzuwenden.

(6) Absatz 4 gilt nicht, soweit seine Anwendung vertraglich ausgeschlossen ist.

(7) Wird im Rahmen arbeitsrechtlicher Gesetze oder Verordnungen auf die Zahl der beschäftigten Arbeitnehmer und Arbeitnehmerinnen abgestellt, so sind bei der Ermittlung dieser Zahl Arbeitnehmer und Arbeitnehmerinnen, die sich in der Elternzeit befinden oder zur Betreuung eines Kindes freigestellt sind, nicht mitzuzählen, solange für sie aufgrund von Absatz 1 ein Vertreter oder eine Vertreterin eingestellt ist. Dies gilt nicht, wenn der Vertreter oder die Vertreterin nicht mitzuzählen ist. Die Sätze 1 und 2 gelten entsprechend, wenn im Rahmen arbeitsrechtlicher Gesetze oder Verordnungen auf die Zahl der Arbeitsplätze abgestellt wird.

## 8. Bürgerliches Gesetzbuch (BGB), Personensorge, Aufsicht, Haftung

*In diesen verhältnismäßig kurzen Paragrafen finden sich die Grundsätze zum Umfang und zu den Grenzen der elterlichen Verantwortung für das Verhalten ihres Kindes, die Ihnen wiederum mit dem Betreuungsvertrag übertragen wird.*

### § 1626 Elterliche Sorge, Grundsätze

(1) Die Eltern haben die Pflicht und das Recht, für das minderjährige Kind zu sorgen (elterliche Sorge). Die elterliche Sorge umfasst die Sorge für die Person des Kindes (Personensorge) und das Vermögen des Kindes (Vermögenssorge).

(2) Bei der Pflege und Erziehung berücksichtigen die Eltern die wachsende Fähigkeit und das wachsende Bedürfnis des Kindes zu selbständigem verantwortungsbewusstem Handeln. Sie besprechen mit dem Kind, soweit es nach dessen Entwicklungsstand angezeigt ist, Fragen der elterlichen Sorge und streben Einvernehmen an.

### § 1631 Inhalt und Grenzen der Personensorge

(1) Die Personensorge umfasst insbesondere die Pflicht und das Recht, das Kind zu pflegen, zu erziehen, zu beaufsichtigen und seinen Aufenthalt zu bestimmen.

(2) Kinder haben ein Recht auf gewaltfreie Erziehung. Körperliche Bestrafungen, seelische Verletzungen und andere entwürdigende Maßnahmen sind unzulässig.

### § 823 Schadensersatzpflicht

(1) Wer vorsätzlich oder fahrlässig das Leben, den Körper, die Gesundheit, die Freiheit, das Eigentum oder ein sonstiges Recht eines anderen widerrechtlich verletzt, ist dem anderen zum Ersatz des daraus entstehenden Schadens verpflichtet.

(2) Die gleiche Verpflichtung trifft denjenigen, welcher gegen ein den Schutz eines anderen bezweckendes Gesetz verstößt. Ist nach dem Inhalt des Gesetzes ein Verstoß gegen dieses auch ohne Verschulden möglich, so tritt die Ersatzpflicht nur im Falle des Verschuldens ein.

### § 828 Minderjährige

(1) Wer nicht das siebente Lebensjahr vollendet hat, ist für einen Schaden, den er einem anderen zufügt, nicht verantwortlich.

(2) Wer das siebente, aber nicht das zehnte Lebensjahr vollendet hat, ist für den Schaden, den er bei einem Unfall mit einem Kraftfahrzeug, einer Schienenbahn oder einer Schwebebahn einem anderen zufügt, nicht verantwortlich. Dies gilt nicht, wenn er die Verletzung vorsätzlich herbeigeführt hat.

(3) Wer das 18. Lebensjahr noch nicht vollendet hat, ist, sofern seine Verantwortlichkeit nicht nach Absatz 1 oder 2 ausgeschlossen ist, für den Schaden, den er einem anderen zufügt, nicht verantwortlich, wenn er bei der Begehung der schädigenden Handlung nicht die zur Erkenntnis der Verantwortlichkeit erforderliche Einsicht hat.

### § 832 Haftung des Aufsichtspflichtigen

(1) Wer kraft Gesetzes zur Führung der Aufsicht über eine Person verpflichtet ist, die wegen Minderjährigkeit oder wegen ihres geistigen oder körperlichen Zustands der Beaufsichtigung bedarf,

ist zum Ersatz des Schadens verpflichtet, den diese Person einem Dritten widerrechtlich zufügt. Die Ersatzpflicht tritt nicht ein, wenn er seiner Aufsichtspflicht genügt oder wenn der Schaden auch bei gehöriger Aufsichtsführung entstanden sein würde.

(2) Die gleiche Verantwortlichkeit trifft denjenigen, welcher die Führung der Aufsicht durch Vertrag übernimmt.

## 9. Sozialgesetzbuch VIII: Kinder- und Jugendhilfe (SGB VIII), Schutzauftrag

*Das Jugendamt hat den gesetzlichen Auftrag, darüber zu wachen, ob Eltern ihre Personensorge (Sorge für das Kind) im Rahmen der gesetzten Grenzen (siehe oben, § 1631 BGB) erfüllen. Sollte das nicht der Fall sein und damit (eventuell) eine Gefährdung des Kindes vorliegen, muss es einschreiten. Da Sie in Ihrer Einrichtung sehr nahe am Kind sind, kommt Ihnen im Rahmen dieses Schutzauftrages eine zentrale Rolle zu. Das in § 8a SGB VIII geregelte, einer staatlichen Maßnahme vorgeschaltete Prüfungsverfahren ist sorgfältig abgestuft, da die Familie als sehr intimer, privater Bereich über das Grundgesetz (Art. 6 GG) vor (willkürlichen) staatlichen Eingriffen geschützt ist.*

### § 8a Schutzauftrag bei Kindeswohlgefährdung

(1) Werden dem Jugendamt gewichtige Anhaltspunkte für die Gefährdung des Wohls eines Kindes oder Jugendlichen bekannt, so hat es das Gefährdungsrisiko im Zusammenwirken mehrerer Fachkräfte einzuschätzen. Soweit der wirksame Schutz dieses Kindes oder dieses Jugendlichen nicht in Frage gestellt wird, hat das Jugendamt die Erziehungsberechtigten sowie das Kind oder den Jugendlichen in die Gefährdungseinschätzung einzubeziehen und, sofern dies nach fachlicher Einschätzung erforderlich ist, sich dabei einen unmittelbaren Eindruck von dem Kind und von seiner persönlichen Umgebung zu verschaffen. Hält das Jugendamt zur Abwendung der Gefährdung die Gewährung von Hilfen für geeignet und notwendig, so hat es diese den Erziehungsberechtigten anzubieten.

(2) Hält das Jugendamt das Tätigwerden des Familiengerichts für erforderlich, so hat es das Gericht anzurufen; dies gilt auch, wenn die Erziehungsberechtigten nicht bereit oder in der Lage sind, bei der Abschätzung des Gefährdungsrisikos mitzuwirken. Besteht eine dringende Gefahr und kann die Entscheidung des Gerichts nicht abgewartet werden, so ist das Jugendamt verpflichtet, das Kind oder den Jugendlichen in Obhut zu nehmen.

(3) Soweit zur Abwendung der Gefährdung das Tätigwerden anderer Leistungsträger, der Einrichtungen der Gesundheitshilfe oder der Polizei notwendig ist, hat das Jugendamt auf die Inanspruchnahme durch die Erziehungsberechtigten hinzuwirken. Ist ein sofortiges Tätigwerden erforderlich und wirken die Personensorgeberechtigten oder die Erziehungsberechtigten nicht mit, so schaltet das Jugendamt die anderen zur Abwendung der Gefährdung zuständigen Stellen selbst ein.

(4) In Vereinbarungen mit den Trägern von Einrichtungen und Diensten, die Leistungen nach diesem Buch erbringen, ist sicherzustellen, dass

1. deren Fachkräfte bei Bekanntwerden gewichtiger Anhaltspunkte für die Gefährdung eines von ihnen betreuten Kindes oder Jugendlichen eine Gefährdungseinschätzung vornehmen,

2. bei der Gefährdungseinschätzung eine insoweit erfahrene Fachkraft beratend hinzugezogen wird sowie

3. die Erziehungsberechtigten sowie das Kind oder der Jugendliche in die Gefährdungseinschätzung einbezogen werden, soweit hierdurch der wirksame Schutz des Kindes oder Jugendlichen nicht in Frage gestellt wird.

In die Vereinbarung ist neben den Kriterien für die Qualifikation der beratend hinzuzuziehenden insoweit erfahrenen Fachkraft insbesondere die Verpflichtung aufzunehmen, dass die Fachkräfte der Träger bei den Erziehungsberechtigten auf die Inanspruchnahme von Hilfen hinwirken, wenn sie diese für erforderlich halten, und das Jugendamt informieren, falls die Gefährdung nicht anders abgewendet werden kann.

(5) Werden einem örtlichen Träger gewichtige Anhaltspunkte für die Gefährdung des Wohls eines Kindes oder eines Jugendlichen bekannt, so sind dem für die Gewährung von Leistungen zuständigen örtlichen Träger die Daten mitzuteilen, deren Kenntnis zur Wahrnehmung des Schutzauftrags bei Kindeswohlgefährdung nach § 8a erforderlich ist. Die Mitteilung soll im Rahmen eines Gespräches zwischen den Fachkräften der beiden örtlichen Träger erfolgen, an dem die Personensorgeberechtigten sowie das Kind oder der Jugendliche beteiligt werden sollen, soweit hierdurch der wirksame Schutz des Kindes oder des Jugendlichen nicht in Frage gestellt wird.

## 10. Sozialgesetzbuch VIII: Kinder- und Jugendhilfe (SGB VIII), Datenschutz

*Der Schutz persönlicher Daten hat auch im Gesetz zur Kinder- und Jugendhilfe große Bedeutung. Die folgenden Paragrafen zur Erhebung und Weitergabe persönlicher Daten der Kinder und Eltern finden über § 61 Abs. 3 SGB VIII auch auf die freien Träger der Kindertagesbetreuung Anwendung.*

### § 61 Anwendungsbereich
[...]
(3) Werden Einrichtungen und Dienste der Träger der freien Jugendhilfe in Anspruch genommen, so ist sicherzustellen, dass der Schutz der personenbezogenen Daten bei der Erhebung und Verwendung in entsprechender Weise gewährleistet ist.

### § 62 Datenerhebung
(1) Sozialdaten dürfen nur erhoben werden, soweit ihre Kenntnis zur Erfüllung der jeweiligen Aufgabe erforderlich ist.
(2) Sozialdaten sind beim Betroffenen zu erheben. Er ist über die Rechtsgrundlage der Erhebung sowie die Zweckbestimmungen der Erhebung und Verwendung aufzuklären, soweit diese nicht offenkundig sind.
(3) Ohne Mitwirkung des Betroffenen dürfen Sozialdaten nur erhoben werden, wenn [...]
d) die Erfüllung des Schutzauftrags bei Kindeswohlgefährdung nach § 8a oder [...]

### § 63 Datenspeicherung
(1) Sozialdaten dürfen gespeichert werden, soweit dies für die Erfüllung der jeweiligen Aufgabe erforderlich ist. [...]

### § 64 Datenübermittlung und -nutzung

(1) Sozialdaten dürfen zu dem Zweck übermittelt oder genutzt werden, zu dem sie erhoben worden sind.

(2) Eine Übermittlung für die Erfüllung von Aufgaben nach § 69 des Zehnten Buches ist abweichend von Absatz 1 nur zulässig, soweit dadurch der Erfolg einer zu gewährenden Leistung nicht in Frage gestellt wird.

(2a) Vor einer Übermittlung an eine Fachkraft, die der verantwortlichen Stelle nicht angehört, sind die Sozialdaten zu anonymisieren oder zu pseudonymisieren, soweit die Aufgabenerfüllung dies zulässt.

(3) Sozialdaten dürfen beim Träger der öffentlichen Jugendhilfe zum Zwecke der Planung im Sinne des § 80 gespeichert oder genutzt werden; sie sind unverzüglich zu anonymisieren.

### § 65 Besonderer Vertrauensschutz in der persönlichen und erzieherischen Hilfe

(1) Sozialdaten, die dem Mitarbeiter eines Trägers der öffentlichen Jugendhilfe zum Zwecke persönlicher und erzieherischer Hilfe anvertraut worden sind, dürfen von diesem nur weitergegeben werden

1. mit der Einwilligung dessen, der die Daten anvertraut hat, oder

2. dem Familiengericht zur Erfüllung der Aufgaben nach § 8a Absatz 2, wenn angesichts einer Gefährdung des Wohls eines Kindes oder eines Jugendlichen ohne diese Mitteilung eine für die Gewährung von Leistungen notwendige gerichtliche Entscheidung nicht ermöglicht werden könnte, oder

3. dem Mitarbeiter, der auf Grund eines Wechsels der Fallzuständigkeit im Jugendamt oder eines Wechsels der örtlichen Zuständigkeit für die Gewährung oder Erbringung der Leistung verantwortlich ist, wenn Anhaltspunkte für eine Gefährdung des Kindeswohls gegeben sind und die Daten für eine Abschätzung des
Gefährdungsrisikos notwendig sind, oder

4. an die Fachkräfte, die zum Zwecke der Abschätzung des Gefährdungsrisikos nach § 8a hinzugezogen werden; § 64 Absatz 2a bleibt unberührt; oder

5. unter den Voraussetzungen, unter denen eine der in § 203 Absatz 1 oder 3 des Strafgesetzbuchs genannten Personen dazu befugt wäre.

Gibt der Mitarbeiter anvertraute Sozialdaten weiter, so dürfen sie vom Empfänger nur zu dem Zweck weitergegeben werden, zu dem er diese befugt erhalten hat. […]

## 11. Bürgerliches Gesetzbuch (BGB), Umgang, elterliche Sorge bei getrennt lebenden Eltern

*Die folgenden drei Paragrafen helfen Ihnen weiter, wenn Sie ein Kind betreuen, dessen Eltern sich in einer konfliktgeladenen Trennungssituation befinden.*

### § 1684 Umgang des Kindes mit den Eltern

(1) Das Kind hat das Recht auf Umgang mit jedem Elternteil; jeder Elternteil ist zum Umgang mit dem Kind verpflichtet und berechtigt.

(2) Die Eltern haben alles zu unterlassen, was das Verhältnis des Kindes zum jeweils anderen Elternteil beeinträchtigt oder die Erziehung erschwert. Entsprechendes gilt, wenn sich das Kind in der Obhut einer anderen Person befindet.

(3) Das Familiengericht kann über den Umfang des Umgangsrechts entscheiden und seine Ausübung, auch gegenüber Dritten, näher regeln. Es kann die Beteiligten durch Anordnungen zur Erfüllung der in Absatz 2 geregelten Pflicht anhalten. Wird die Pflicht nach Absatz 2 dauerhaft oder wiederholt erheblich verletzt, kann das Familiengericht auch eine Pflegschaft für die Durchführung des Umgangs anordnen (Umgangspflegschaft). Die Umgangspflegschaft umfasst das Recht, die Herausgabe des Kindes zur Durchführung des Umgangs zu verlangen und für die Dauer des Umgangs dessen Aufenthalt zu bestimmen. Die Anordnung ist zu befristen. [...]

(4) Das Familiengericht kann das Umgangsrecht oder den Vollzug früherer Entscheidungen über das Umgangsrecht einschränken oder ausschließen, soweit dies zum Wohl des Kindes erforderlich ist. Eine Entscheidung, die das Umgangsrecht oder seinen Vollzug für längere Zeit oder auf Dauer einschränkt oder ausschließt, kann nur ergehen, wenn andernfalls das Wohl des Kindes gefährdet wäre. Das Familiengericht kann insbesondere anordnen, dass der Umgang nur stattfinden darf, wenn ein mitwirkungsbereiter Dritter anwesend ist. Dritter kann auch ein Träger der Jugendhilfe oder ein Verein sein; dieser bestimmt dann jeweils, welche Einzelperson die Aufgabe wahrnimmt.

### § 1685 Umgang des Kindes mit anderen Bezugspersonen

(1) Großeltern und Geschwister haben ein Recht auf Umgang mit dem Kind, wenn dieser dem Wohl des Kindes dient.

(2) Gleiches gilt für enge Bezugspersonen des Kindes, wenn diese für das Kind tatsächliche Verantwortung tragen oder getragen haben (sozial-familiäre Beziehung). Eine Übernahme tatsächlicher Verantwortung ist in der Regel anzunehmen, wenn die Person mit dem Kind längere Zeit in häuslicher Gemeinschaft zusammengelebt hat.

### § 1687 Ausübung der gemeinsamen Sorge bei Getrenntleben

(1) Leben Eltern, denen die elterliche Sorge gemeinsam zusteht, nicht nur vorübergehend getrennt, so ist bei Entscheidungen in Angelegenheiten, deren Regelung für das Kind von erheblicher Bedeutung ist, ihr gegenseitiges Einvernehmen erforderlich. Der Elternteil, bei dem sich das Kind mit Einwilligung des anderen Elternteils oder auf Grund einer gerichtlichen Entscheidung gewöhnlich aufhält, hat die Befugnis zur alleinigen Entscheidung in Angelegenheiten des täglichen Lebens. Entscheidungen in Angelegenheiten des täglichen Lebens sind in der Regel solche, die häufig vorkommen und die keine schwer abzuändernden Auswirkungen auf die Entwicklung des Kindes haben. Solange sich das Kind mit Einwilligung dieses Elternteils oder auf Grund einer gerichtlichen Entscheidung bei dem anderen Elternteil aufhält, hat dieser die Befugnis zur alleinigen Entscheidung in Angelegenheiten der tatsächlichen Betreuung. § 1629 Abs. 1 Satz 4 und § 1684 Abs. 2 Satz 1 gelten entsprechend.

(2) Das Familiengericht kann die Befugnisse nach Absatz 1 Satz 2 und 4 einschränken oder ausschließen, wenn dies zum Wohl des Kindes erforderlich ist.

# 12. Bürgerliches Gesetzbuch (BGB), Kaufrecht

*Das Bürgerliche Gesetzbuch regelt in den §§ 433 ff. klar, von welcher Qualität ein Gegenstand sein muss, den Sie für Ihre Einrichtung bestellt haben; wer für Montagefehler verantwortlich ist; wer die Kosten des Austauschs oder der Reparatur einer mangelhaften Sache zu tragen hat und welche Rechte Sie als Käufer sonst noch haben.*

### § 434 Sachmangel
(1) Die Sache ist frei von Sachmängeln, wenn sie bei Gefahrübergang die vereinbarte Beschaffenheit hat. Soweit die Beschaffenheit nicht vereinbart ist, ist die Sache frei von Sachmängeln,

1. wenn sie sich für die nach dem Vertrag vorausgesetzte Verwendung eignet, sonst

2. wenn sie sich für die gewöhnliche Verwendung eignet und eine Beschaffenheit aufweist, die bei Sachen der gleichen Art üblich ist und die der Käufer nach der Art der Sache erwarten kann.

Zu der Beschaffenheit nach Satz 2 Nr. 2 gehören auch Eigenschaften, die der Käufer nach den öffentlichen Äußerungen des Verkäufers, des Herstellers (§ 4 Abs. 1 und 2 des Produkthaftungsgesetzes) oder seines Gehilfen insbesondere in der Werbung oder bei der Kennzeichnung über bestimmte Eigenschaften der Sache erwarten kann, es sei denn, dass der Verkäufer die Äußerung nicht kannte und auch nicht kennen musste, dass sie im Zeitpunkt des Vertragsschlusses in gleichwertiger Weise berichtigt war oder dass sie die Kaufentscheidung nicht beeinflussen konnte.

(2) Ein Sachmangel ist auch dann gegeben, wenn die vereinbarte Montage durch den Verkäufer oder dessen Erfüllungsgehilfen unsachgemäß durchgeführt worden ist. Ein Sachmangel liegt bei einer zur Montage bestimmten Sache ferner vor, wenn die Montageanleitung mangelhaft ist, es sei denn, die Sache ist fehlerfrei montiert worden.

(3) Einem Sachmangel steht es gleich, wenn der Verkäufer eine andere Sache oder eine zu geringe Menge liefert.

### § 437 Rechte des Käufers bei Mängeln
Ist die Sache mangelhaft, kann der Käufer, wenn die Voraussetzungen der folgenden Vorschriften vorliegen und soweit nicht ein anderes bestimmt ist,

1. nach § 439 Nacherfüllung verlangen,

2. nach den §§ 440, 323 und 326 Abs. 5 von dem Vertrag zurücktreten oder nach § 441 den Kaufpreis mindern und

3. nach den §§ 440, 280, 281, 283 und 311a Schadensersatz oder nach § 284 Ersatz vergeblicher Aufwendungen verlangen.

### § 439 Nacherfüllung
(1) Der Käufer kann als Nacherfüllung nach seiner Wahl die Beseitigung des Mangels oder die Lieferung einer mangelfreien Sache verlangen.

(2) Der Verkäufer hat die zum Zwecke der Nacherfüllung erforderlichen Aufwendungen, insbesondere Transport-, Wege-, Arbeits- und Materialkosten zu tragen.

(3) Der Verkäufer kann die vom Käufer gewählte Art der Nacherfüllung unbeschadet des § 275 Abs. 2 und 3 verweigern, wenn sie nur mit unverhältnismäßigen Kosten möglich ist. Dabei sind insbesondere der Wert der Sache in mangelfreiem Zustand, die Bedeutung des Mangels und die Frage zu berücksichtigen, ob auf die andere Art der Nacherfüllung ohne erhebliche Nachteile für den Käufer zurückgegriffen werden könnte. Der Anspruch des Käufers beschränkt sich in diesem

Fall auf die andere Art der Nacherfüllung; das Recht des Verkäufers, auch diese unter den Voraussetzungen des Satzes 1 zu verweigern, bleibt unberührt.

(4) Liefert der Verkäufer zum Zwecke der Nacherfüllung eine mangelfreie Sache, so kann er vom Käufer Rückgewähr der mangelhaften Sache nach Maßgabe der §§ 346 bis 348 verlangen.

## 13. Bürgerliches Gesetzbuch (BGB), Mietrecht

*Die grundlegenden Regeln zum Mietvertrag finden Sie in den §§ 535 ff. BGB. Wir haben uns hier auf den Abdruck der Paragrafen beschränkt, die Ihre Rechte und Pflichten im Falle eines Mangels definieren.*

### § 535 Inhalt und Hauptpflichten des Mietvertrags

(1) Durch den Mietvertrag wird der Vermieter verpflichtet, dem Mieter den Gebrauch der Mietsache während der Mietzeit zu gewähren. Der Vermieter hat die Mietsache dem Mieter in einem zum vertragsgemäßen Gebrauch geeigneten Zustand zu überlassen und sie während der Mietzeit in diesem Zustand zu erhalten. Er hat die auf der Mietsache ruhenden Lasten zu tragen.

(2) Der Mieter ist verpflichtet, dem Vermieter die vereinbarte Miete zu entrichten.

### § 536 Mietminderung bei Sach- und Rechtsmängeln

(1) Hat die Mietsache zur Zeit der Überlassung an den Mieter einen Mangel, der ihre Tauglichkeit zum vertragsgemäßen Gebrauch aufhebt, oder entsteht während der Mietzeit ein solcher Mangel, so ist der Mieter für die Zeit, in der die Tauglichkeit aufgehoben ist, von der Entrichtung der Miete befreit. Für die Zeit, während der die Tauglichkeit gemindert ist, hat er nur eine angemessen herabgesetzte Miete zu entrichten. Eine unerhebliche Minderung der Tauglichkeit bleibt außer Betracht.

(1a) Für die Dauer von drei Monaten bleibt eine Minderung der Tauglichkeit außer Betracht, soweit diese auf Grund einer Maßnahme eintritt, die einer energetischen Modernisierung nach § 555b Nummer 1 dient.

(2) Absatz 1 Satz 1 und 2 gilt auch, wenn eine zugesicherte Eigenschaft fehlt oder später wegfällt.

(3) Wird dem Mieter der vertragsgemäße Gebrauch der Mietsache durch das Recht eines Dritten ganz oder zum Teil entzogen, so gelten die Absätze 1 und 2 entsprechend. [...]

### § 536b Kenntnis des Mieters vom Mangel bei Vertragsschluss oder Annahme

Kennt der Mieter bei Vertragsschluss den Mangel der Mietsache, so stehen ihm die Rechte aus den §§ 536 und 536a nicht zu. Ist ihm der Mangel infolge grober Fahrlässigkeit unbekannt geblieben, so stehen ihm diese Rechte nur zu, wenn der Vermieter den Mangel arglistig verschwiegen hat. Nimmt der Mieter eine mangelhafte Sache an, obwohl er den Mangel kennt, so kann er die Rechte aus den §§ 536 und 536a nur geltend machen, wenn er sich seine Rechte bei der Annahme vorbehält.

### § 536c Während der Mietzeit auftretende Mängel; Mängelanzeige durch den Mieter

(1) Zeigt sich im Laufe der Mietzeit ein Mangel der Mietsache oder wird eine Maßnahme zum Schutz der Mietsache gegen eine nicht vorhergesehene Gefahr erforderlich, so hat der Mieter dies dem Vermieter unverzüglich anzuzeigen. Das Gleiche gilt, wenn ein Dritter sich ein Recht an der Sache anmaßt.

(2) Unterlässt der Mieter die Anzeige, so ist er dem Vermieter zum Ersatz des daraus entstehenden Schadens verpflichtet. Soweit der Vermieter infolge der Unterlassung der Anzeige nicht Abhilfe schaffen konnte, ist der Mieter nicht berechtigt,

1. die in § 536 bestimmten Rechte geltend zu machen,

2. nach § 536a Abs. 1 Schadensersatz zu verlangen oder

3. ohne Bestimmung einer angemessenen Frist zur Abhilfe nach § 543 Abs. 3 Satz 1 zu kündigen.

## 14. Bundesimmissionsschutzgesetz (BImschG), Lärm aus Kitas

*Hier finden Sie die gesetzliche Grundlage, die Sie Ihrem Vermieter oder anderen Mietern im Hause Ihrer Einrichtung zeigen können, wenn Sie Beschwerden wegen Kinderlärms erhalten.*

### § 22 Pflichten der Betreiber nicht genehmigungsbedürftiger Anlagen

(1) Nicht genehmigungsbedürftige Anlagen sind so zu errichten und zu betreiben, dass

1. schädliche Umwelteinwirkungen verhindert werden, die nach dem Stand der Technik vermeidbar sind, [...]

(1a) Geräuscheinwirkungen, die von Kindertageseinrichtungen, Kinderspielplätzen und ähnlichen Einrichtungen wie beispielsweise Ballspielplätzen durch Kinder hervorgerufen werden, sind im Regelfall keine schädliche Umwelteinwirkung. Bei der Beurteilung der Geräuscheinwirkungen dürfen Immissionsgrenz- und -richtwerte nicht herangezogen werden. [...]

## II. Vorlagen/Muster

○ *Mithilfe des Musters »Protokoll zum Bewerbungsgespräch« nehmen Sie alle relevanten Informationen auf, um im Falle einer Klage nach dem AGG Ihre Entscheidung gegen eine Bewerberin nachvollziehbar begründen zu können.*

○ *Die vier Muster für gesetzlich vorgesehene Belehrungen können Sie als Kopiervorlage verwenden und den Eltern bei Aufnahme des Besuchs Ihrer Einrichtung aushändigen. Darüber hinaus können Sie sich diese Formulare von Ihren pädagogischen oder in der Küche arbeitenden Angestellten gegenzeichnen lassen und zur Personalakte nehmen.*

○ *Das »Muster Medikamentenvergabe« zeigt, welche Angaben eine entsprechende Ermächtigungserklärung der Sorgeberechtigten enthalten sollte.*

# 1. Protokoll zum Bewerbungsgespräch

## Allgemeine Daten

Datum und Uhrzeit:.................................................................

Name der Bewerberin/des Bewerbers:.................................................

Teilnehmer/innen:.................................................................

Stellenzusage am:........................................ Stellenabsage am:.................................

| | |
|---|---|
| **Stellenbezeichnung** | |
| **Anforderungsprofil der Stelle** | |
| **Qualifikationen des Bewerbers** | |

## Gesprächsverlauf

| Frage | Antwort |
|---|---|
| | |
| | |
| | |
| | |
| | |
| | |

Unterschrift Protokollant/in: .........................................

## 2. Belehrung nach dem Infektionsschutzgesetz für »Eltern«

> Stempel der Einrichtung

## Bitte lesen Sie sich dieses Merkblatt sorgfältig durch

## Belehrung für Eltern und sonstige Sorgeberechtigte gem. §34 Abs. 5 S. 2 Infektionsschutzgesetz (IfSG)

Wenn Ihr Kind eine **ansteckende Erkrankung** hat und dann die Schule oder andere Gemeinschaftseinrichtungen (GE) besucht, in die es jetzt aufgenommen werden soll, kann es andere Kinder, Lehrer, Erzieher oder Betreuer anstecken. Außerdem sind gerade Säuglinge und Kinder während einer Infektionskrankheit abwehrgeschwächt und können sich dort noch **Folgeerkrankungen** (mit Komplikationen) zuziehen.

Um dies zu verhindern, möchten wir Sie mit diesem **Merkblatt** über Ihre **Pflichten, Verhaltensweisen und das übliche Vorgehen** unterrichten, wie sie das Infektionsschutzgesetz vorsieht. In diesem Zusammenhang sollten Sie wissen, dass Infektionskrankheiten in der Regel nichts mit mangelnder Sauberkeit oder Unvorsichtigkeit zu tun haben. Deshalb bitten wir Sie stets um **Offenheit und vertrauensvolle Zusammenarbeit.**

Das Gesetz bestimmt, dass Ihr Kind **nicht in die Schule oder andere GE** gehen darf, wenn

1. es an einer **schweren** Infektion erkrankt ist, die durch **geringe Erregermengen** verursacht wird. Dies sind nach der Vorschrift: Diphtherie, Cholera, Typhus, Tuberkulose und Durchfall durch EHEC-Bakterien. Alle diese Krankheiten kommen bei uns in der Regel nur als Einzelfälle vor (außerdem nennt das Gesetz noch virusbedingte hämorrhagische Fieber, Pest und Kinderlähmung. Es ist aber höchst unwahrscheinlich, dass diese Krankheitserreger in Deutschland übertragen werden);

2. eine **Infektionskrankheit vorliegt, die in Einzelfällen schwer und kompliziert** verlaufen kann, dies sind Keuchhusten, Masern, Mumps, Scharlach, Windpocken, Hirnhautentzündung durch Hib-Bakterien, Meningokokken-Infektionen, Krätze, ansteckende Borkenflechte, Hepatitis A und bakterielle Ruhr;

3. ein **Kopflausbefall** vorliegt und die Behandlung noch nicht abgeschlossen ist;

4. es vor Vollendung des 6. Lebensjahres an einer infektiösen Gastroenteritis erkrankt ist oder ein entsprechender Verdacht besteht.

Die Übertragungswege der aufgezählten Erkrankungen sind unterschiedlich. Viele Durchfälle und Hepatitis A sind sogenannte **Schmierinfektionen**. Die Übertragung erfolgt durch mangelnde Händehygiene sowie durch verunreinigte Lebensmittel, nur selten durch Gegenstände (Handtücher, Möbel, Spielsachen). **Tröpfchen- oder**»**fliegende**« **Infektionen** sind z. B. Masern, Mumps, Windpocken und Keuchhusten. Durch **Haar-, Haut- und Schleimhautkontakte** werden Krätze, Läuse und ansteckende Borkenflechte übertragen.

Dies erklärt, dass in Gemeinschaftseinrichtungen (GE) besonders günstige Bedingungen für eine Übertragung der genannten Krankheiten bestehen. Wir bitten Sie also, bei **ernsthaften Erkrankungen** Ihres Kindes immer den **Rat** Ihres **Haus- oder Kinderarztes** in Anspruch zu nehmen (z. B. bei hohem Fieber, auffallender Müdigkeit, wiederholtem Erbrechen, Durchfällen länger als einen Tag und anderen besorgniserregenden Symptomen).

Er wird Ihnen – bei entsprechendem Krankheitsverdacht oder wenn die Diagnose gestellt werden konnte – darüber Auskunft geben, ob Ihr Kind eine Erkrankung hat, die einen Besuch der GE nach dem Infektionsschutzgesetz verbietet.

Muss ein Kind zu Hause bleiben oder sogar im Krankenhaus behandelt werden, **benachrichtigen Sie uns bitte unverzüglich** und teilen Sie uns auch die Diagnose mit, damit wir zusammen mit dem Gesundheitsamt alle notwendigen Maßnahmen ergreifen können, um einer Weiterverbreitung der Infektionskrankheit vorzubeugen.

Viele Infektionskrankheiten haben gemeinsam, dass eine Ansteckung schon erfolgt, bevor typische Krankheitssymptome auftreten. Dies bedeutet, dass Ihr Kind bereits Spielkameraden, Mitschüler oder Personal angesteckt haben kann, wenn es mit den ersten Krankheitszeichen zu Hause bleiben muss. In einem solchen Fall müssen wir die Eltern der übrigen Kinder **anonym** über das Vorliegen einer ansteckenden Krankheit **informieren**.

Manchmal nehmen Kinder oder Erwachsene nur Erreger auf, ohne zu erkranken. Auch werden in einigen Fällen Erreger nach durchgemachter Erkrankung noch längere Zeit mit dem Stuhlgang ausgeschieden oder in Tröpfchen beim Husten und durch die Ausatmungsluft übertragen. Dadurch besteht die Gefahr, dass sie Spielkameraden, Mitschüler oder das Personal anstecken. Im Infektionsschutzgesetz ist deshalb vorgesehen, dass die »**Ausscheider**« von Cholera-, Diphtherie-, EHEC-, Typhus-, Paratyphus- und Shigellenruhr- Bakterien nur mit **Genehmigung und nach Belehrung des Gesundheitsamtes** wieder in eine GE gehen dürfen.

Auch wenn **bei Ihnen zu Hause** jemand an einer **schweren oder hochansteckenden Infektionskrankheit** leidet, können weitere Mitglieder des Haushaltes diese Krankheitserreger schon aufgenommen haben und dann ausscheiden, ohne selbst erkrankt zu sein. Auch in diesem Fall muss Ihr Kind zu Hause bleiben. Wann ein Besuchsverbot der Schule oder einer anderen GE für Ausscheider oder ein möglicherweise infiziertes aber nicht erkranktes Kind besteht, kann Ihnen

Ihr behandelnder Arzt oder Ihr Gesundheitsamt mitteilen. Auch in diesen beiden genannten Fällen müssen Sie **uns benachrichtigen**.

Gegen **Diphtherie, Masern, Mumps, (Röteln), Kinderlähmung, Typhus und Hepatitis A** stehen **Schutzimpfungen** zur Verfügung. Liegt dadurch ein Schutz vor, kann das Gesundheitsamt in Einzelfällen das Besuchsverbot sofort aufheben. Bitte bedenken Sie, dass ein optimaler Impfschutz jedem Einzelnen sowie der Allgemeinheit dient.

**Sollten Sie noch Fragen haben, wenden Sie sich bitte an Ihren Haus- oder Kinderarzt oder an Ihr Gesundheitsamt. Auch wir helfen Ihnen gerne weiter.**

*Quelle: Robert-Koch-Institut: Belehrungsbogen gemäß §34 IfSG Abs.5 S.2. Für Eltern und sonstige Sorgeberechtigte. www.rki.de/DE/Content/Infekt/IfSG/Belehrungsbogen/belehrungsbogen_eltern_deutsch.pdf?__ blob=publicationFile.*

# 3. Belehrung nach IfSG für »Pädagogische Mitarbeiter«

*Belehrung für das Personal in Schulen,*
*Tageseinrichtungen für Kinder und Jugendliche,*
*Ferienfreizeiten, Heimen und sonstigen Gemeinschaftseinrichtungen*
*gemäß § 35 Infektionsschutzgesetz (IfSG)*

Durch das Zusammensein von Lehr-, Erziehungs-, Pflege- oder Aufsichtspersonal und Kindern/Jugendlichen oder sonstigen Personen in Gemeinschaftseinrichtungen (z. B. Tageseinrichtungen für Kinder und Jugendliche, Schulen, Heime etc.) kommt es immer wieder zur Häufung von ansteckenden Krankheiten. Um die Ausbreitung gefährlicher Infektionskrankheiten zu vermeiden, schreibt das Infektionsschutzgesetz verbindlich vor, wie mit diesen Krankheiten umzugehen ist. Sie als Mitarbeiter/in sind aufgrund Ihrer Tätigkeit in einer Gemeinschaftseinrichtung verpflichtet,

der Leitung der Gemeinschaftseinrichtung mitzuteilen, wenn Sie an einer der folgenden Krankheiten erkrankt sind bzw. der Verdacht einer derartigen Erkrankung besteht:

- o Windpocken
- o Masern
- o Mumps
- o Keuchhusten
- o Scharlach oder andere Streptokokkeninfektionen
- o Diphterie
- o Hepatitis A oder E (Gelbsucht)
- o Ansteckungsfähige Tuberkulose
- o Durchfall oder EHCE-Bakterien
- o Hirnhautentzündung durch Hib-Bakterien
- o Meningokokken-Infektionen
- o Borkenflechte
- o Kopfläuse
- o Krätze
- o Bakterielle Ruhr
- o Kinderlähmung
- o Typhus/Paratyphus
- o Cholera
- o Hämorrhagisches Fieber durch Viren
- o Pest

Wenn Sie an einer dieser Krankheiten erkrankt sind oder der Verdacht einer derartigen Krankheit besteht bzw. Sie verlaust sind, dürfen Sie Ihre Tätigkeit, bei der Sie Kontakt zu den dort Betreuten haben, solange nicht mehr ausüben, bis nach ärztlichem Urteil eine Weiterverbreitung der Krankheit oder der Verlausung durch Sie nicht mehr zu befürchten ist. Wenn in Ihrem Privathaushalt eine Person an einer dieser Krankheiten erkrankt ist oder ein entsprechender Verdacht besteht, haben Sie auch dies der Leitung Ihrer Gemeinschaftseinrichtung zu melden. Dies gilt nicht bei Windpocken, Keuchhusten, Scharlach, ansteckendem Durchfall, Borkenflechte, Krätze und bei

Kopfläusen. Insbesondere gilt bei den letztgenannten Erkrankungen von Angehörigen für Sie kein Beschäftigungsverbot. Manchmal werden Krankheitserreger auch ausgeschieden und damit an andere weiter gegeben, wenn keine Krankheitszeichen vorliegen. In diesen Fällen gilt: Wenn Sie »Ausscheider« von Cholera-, Diphterie-, EHEC-, Typhus-, Paratyphus- oder Ruhr-Bakterien sind, müssen Sie auch dieses der Gemeinschaftseinrichtung melden. In diesem Falle wird das Gesundheitsamt, mit Ihnen besondere Schutzmaßnahmen besprechen, die eingehalten werden müssen damit Sie Ihren Dienst in der Gemeinschaftseinrichtung wieder in vollem Umfang aufnehmen, können. Die Gemeinschaftseinrichtung ist verpflichtet, dem Gesundheitsamt weiter zu melden, dass in der Einrichtung eine entsprechende Erkrankung vorliegt. Das Gesundheitsamt kann in besonderen Fällen geeignete Maßnahmen ergreifen, um das Ausbreiteneiner Infektionskrankheit zu vermeiden. Viele der oben genannten Krankheiten können vermieden werden, wenn Sie auf einen ausreichenden Impfschutz achten. Mit der nachfolgenden Unterschrift bestätigen Sie als Arbeitnehmer/n, dass sie die vorstehenden Ausführungen zur Kenntnis genommen haben und dass Sie sie beachten werden. Der Arbeitgeber bestätigt, dass er den Mitarbeiter/die Mitarbeiterin über die gesundheitlichen Anforderungen und seine/ihre Mitwirkungsverpflichtungen im Sinne des §34 IFSG belehrt und darauf hingewiesen hat, dass in seiner Einrichtung ausführliches Informationsmaterial des Robert-Koch-Institutes zu den einzelnen Erkrankungen vorhanden ist, dass er dessen Lektüre empfohlen hat und dass für weitere Fragen zum Infektionsschutzgesetz die Amtsärzte des Gesundheitsamtes zur Verfügung stehen.

..............................     ..............................................

Ort, Datum             Unterschriften Träger /Arbeitnehmer

## 4. Belehrung des pädagogischen Personals gemäß § 12 BioStoffVerordnung

Der berufliche Umgang mit Kindern im Vorschulalter birgt für die Beschäftigten besondere Gefahren, da manche Krankheiten hier wesentlich häufiger vorkommen und deren Verlauf bei einer Erkrankung im Erwachsenenalter meist schwerer ist als bei einer Erkrankung im Kindesalter. Deshalb sind Arbeitgeber in diesem Bereich aufgefordert, ihren Beschäftigten für folgende Erkrankungen die Feststellung des Immunschutzes und eine Impfung anzubieten.

### Keuchhusten (Pertussis)
Die Infektion erfolgt durch Tröpfcheninfektion bei engem Kontakt. Auch gegen Keuchhusten geimpfte Kinder können für einige Tage nach Keuchhusten-Kontakt vorübergehend den Erreger übertragen. Die Ansteckungsrate beträgt bei nicht geimpften Personen 25 – 50 %. In Staub oder Kleidung kann der Erreger bis zu 5 Tage überleben. Wegen der begrenzten Dauer der Immunität sowohl nach der Impfung (ca. 10 Jahre) als auch nach natürlicher Infektion (15 – 20 Jahre) können sich Erwachsene neu infizieren.

### Masern (Morbilli)
Die Übertragung erfolgt durch Tröpfcheninfektion bei direktem Kontakt. Das Virus hat eine große Ansteckungskraft und erfasst bei fehlender Immunität rasch ganze Bevölkerungsgruppen. Bedingt durch Komplikationen gelten die Masern weltweit als eine der Hauptursachen für Todesfälle im Kindesalter.

### Mumps (Parotitis epidemica, Ziegenpeter)
Mumps wird durch Tröpfcheninfektion übertragen. Mindestens 30 – 40 % verlaufen ohne die typischen Symptome.

### Röteln (Rubella, Rubeola)
Die Übertragung erfolgt durch Tröpfcheninfektion. Eine Infektion in der Schwangerschaft kann sich auf das Kind übertragen und zu schweren Schäden führen.

### Windpocken (Varizellen)
Die Übertragung erfolgt über die Luft und virushaltige Tröpfchen. – »fliegende Infektion«. Das Virus ist sehr ansteckend.

## Hepatitis A (infektiöse Leberentzündung)

Hepatitis A wird durch Schmierinfektion (verunreinigtes Wasser, Lebensmittel, Stuhl) übertragen. Das Virus verursacht eine Leberentzündung, welche in der Regel folgenlos ausheilt. Eine Schmierinfektion kann durch konsequente Hygienemaßnahmen (Handschuhe, Desinfektion) verhindert werden. Mit der nachfolgenden Unterschrift bestätigen Sie, dass Sie die vorstehenden Ausführungen zur Kenntnis genommen haben. Der Arbeitgeber bestätigt, dass er den Mitarbeiter/die Mitarbeiterin belehrt hat und dass in seiner Einrichtung ausführliches Informationsmaterial des Robert-Koch-Institutes zu den einzelnen Erkrankungen vorhanden ist und dass er ihnen dessen Lektüre empfohlen hat.

......................................          ..................................................................
Ort, Datum                                      Unterschriften Träger /Arbeitnehmer

# 5. Belehrung gemäß § 42 und § 43 Abs. 1 Nr. 1 Infektionsschutzgesetz (IfSG)

**Gesundheitsinformation für den Umgang mit Lebensmitteln**

Personen, die gewerbsmäßig folgende Lebensmittel herstellen, behandeln oder in Verkehr bringen:

1. Fleisch, Geflügelfleisch und Erzeugnisse daraus
2. Milch und Erzeugnisse auf Milchbasis
3. Fische, Krebse, Weichtiere und Erzeugnisse daraus
4. Eiprodukte
5. Säuglings- und Kindernahrung
6. Speiseeis und Speiseeishalberzeugnisse
7. Backwaren mit nicht durchgebackener oder durch erhitzter Füllung oder Auflage
8. Feinkost-, Rohkost- und Kartoffelsalate, Marinaden, Mayonnaisen,

andere emulgierte Soßen, Nahrungshefen.und dabei mit ihnen direkt (mit der Hand) oder indirekt über Bedarfsgegenstände (z. B. Geschirr, Besteck und andere Arbeitsmaterialien) in Berührung kommen

oder

in Küchen von Gaststätten, Restaurants, Kantinen, Cafes oder sonstigen Einrichtungen mit und zur Gemeinschaftsverpflegung tätig sind, benötigen vor erstmaliger Ausübung dieser Tätigkeiten eine Bescheinigung gemäß § 43 Abs. 1 Infektionsschutzgesetz durch ihr Gesundheitsamt.

**Warum müssen besondere Vorsichtsmaßnahmen beachtet werden?**

In den oben genannten Lebensmitteln können sich bestimmte Krankheitserreger besonders leicht vermehren. Durch den Verzehr von derartig mit Mikroorganismen verunreinigten Lebensmitteln können Menschen an Lebensmittelinfektionen oder -vergiftungen schwer erkranken. In Gaststätten oder Gemeinschaftseinrichtungen kann davon eine große Zahl von Menschen betroffen sein. Aus diesem Grunde muss von jedem Beschäftigten zum Schutz des Verbrauchers und zum eigenen Schutz ein hohes Maß an Eigenverantwortung und Beachtung von Hygieneregeln verlangt werden. Das Infektionsschutzgesetz bestimmt, dass Sie die oben genannten Tätigkeiten nicht ausüben dürfen, wenn bei Ihnen Krankheitserscheinungen (Symptome) auftreten, die auf eine der folgenden Erkrankungen hinweisen oder die ein Arzt bei Ihnen festgestellt hat:

- Akute infektiöse Gastroentertitis (plötzlich auftretender, ansteckender Durchfall) ausgelöst durch Salmonellen, Shigellen, Cholerabakterien, Staphylokokken, Campylobacter, Rotaviren oder andere Durchfallerreger.
- Typhus oder Paratyphus
- Virushepatitis A oder E (Leberentzündung)
- Sie haben infizierte Wunden oder eine Hautkrankheit, bei denen die Möglichkeit besteht, dass deren Krankheitserreger über Lebensmittel auf andere Menschen übertragen werden können.

Die Untersuchung einer Stuhlprobe von Ihnen hat den Nachweis eines der folgenden Krankheitserreger gegeben:

- Salmonellen
- Shigellen
- Enterohämorrhagische Escherichia coli-Bakterien
- Choleravibrionen

Wenn Sie diese Bakterien ausscheiden (ohne dass Sie sich krank fühlen müssen), besteht ebenfalls ein Tätigkeitsverbot im Lebensmittelbereich.

### Folgende Symptome weisen auf die genannten Erkrankungen hin:

Durchfall mit mehr als zwei dünnflüssigen Stühlen pro Tag, gegebenenfalls mit Übelkeit, Erbrechen und Fieber. Hohes Fieber mit schweren Kopf-, Bauch- oder Gelenkschmerzen und Verstopfung (erst nach Tagen folgt schwerer Durchfall) sind Zeichen für Typhus und Paratyphus. Typisch für Cholera sind milchigweiße Durchfälle mit hohem Flüssigkeitsverlust. Gelbfärbung der Haut und der Augäpfel mit Schwäche und Appetitlosigkeit weisen auf eine Hepatitis A oder E hin. Wunden oder offene Stellen von Hauterkrankungen können infiziert sein, wenn sie gerötet, schmierig belegt, nässend oder geschwollen sind. Treten bei Ihnen die genannten Krankheitszeichen auf, nehmen Sie unbedingt den Rat Ihres Haus- oder Betriebsarztes in Anspruch! Sagen Sie ihm auch, dass Sie in einem Lebensmittelbetrieb arbeiten. Außerdem sind Sie verpflichtet, unverzüglich Ihren Vorgesetzten über die Erkrankung zu informieren.

### Wie können Sie zur Verhütung lebensmittelbedingter Infektionen beitragen?

- Waschen Sie sich vor Arbeitsantritt, vor jedem neuen Arbeitsgang und selbstverständlich nach jedem Toilettenbesuch gründlich die Hände mit Seife unter fließendem Wasser
- Verwenden Sie zum Händetrocknen Einwegtücher
- Legen Sie vor Arbeitsbeginn Fingerringe und Armbanduhr ab
- Tragen Sie saubere Schutzkleidung (Kopfhaube, Kittel, Handschuhe, Schuhe für Innen-
- räume)
- Husten oder niesen Sie nie auf Lebensmittel
- Decken Sie kleine, saubere Wunden an Händen und Armen mit wasserundurchlässigem Pflaster ab

Mit der nachfolgenden Unterschrift bestätigen Sie als Arbeitnehmer/n, dass Sie dieses Merkblatt gelesen und verstanden haben und dass Ihnen keine Tatsachen für ein Tätigkeitsverbot bekannt sind. Der Arbeitgeber bestätigt, dass er die Belehrung durchgeführt hat.

..........................................          ..........................................

Ort, Datum                                          Unterschriften Träger / Arbeitnehmer

## 6. Muster Medikamentengabe

Name, Vorname des Kindes .............................................................................................................

Geburtstag ..............................................................................................................................................

Folgende Medikamente müssen zu den unten genannten Tageszeiten eingenommen werden:

Name des Medikaments ...................................................................................................................

Name des Medikaments ...................................................................................................................

**Morgens,** Uhrzeit: ...........................................................................................................................

Dosierung: .............................................................................................................................................

**Mittags,** Uhrzeit: ..............................................................................................................................

Dosierung: .............................................................................................................................................

**Nachmittags,** Uhrzeit: ...................................................................................................................

Dosierung: .............................................................................................................................................

Bemerkung/Dauer der Einnahme/Sonstiges

........................................................................................................................................................................

........................................................................................................................................................................

........................................................................................................................................................................

Ort, Datum　　　　　　　　　Unterschrift und Stempel der Ärztin/des Arztes

## Ermächtigung der Eltern / des/der Sorgeberechtigten

Hiermit ermächtige/n ich/wir ..............................................................................................................
*[Name der Eltern/Sorgeberechtigten]*

den/die Erzieher/in .......................................................... und in seiner/ihrer Vertretung

1. den/die Erzieher/in ..............................................................................................................

2. den/die Erzieher/in ..............................................................................................................

3. den/die Erzieher/in ..............................................................................................................

der Kindertageseinrichtung .....................................................................................................
*[Name, Anschrift der Einrichtung]*

meinem/unserem Kind ...............................................................................................................
*[Name des Kindes]*

die oben genannten Medikamente zu den angegebenen Zeiten zu verabreichen.


.........................................................          ...........................................................................
Ort, Datum                                             Unterschrift der Eltern / des/der Sorgeberechtigten

*Quelle: Landesjugendamt des Landes Brandenburg: Informationsblatt zur Medikamentengabe in Kinderta-geseinrichtung. www.lja.brandenburg.de/media_fast/5460/Medikamentengabe_Kita.pdf.*

# Literatur

Gesetzestexte finden Sie am besten auf der Website des Bundesjustizministeriums: www.gesetze-im-internet.de (Abruf: 10.03.2013).

Barth, J. (2009): Keine Angst vor der Aufsichtspflicht! DIE praxisnahe Anleitung zur Anwendung der Aufsichtspflicht in Ihrer KiTa. Bonn: Pro Kiga.

Landesjugendamt des Landes Brandenburg: Arbeitshilfe. Informationsblatt zur Medikamentengabe in Kindertageseinrichtung.
www.lja.brandenburg.de/media_fast/5460/Medikamentengabe_Kita.pdf (Abruf: 12.02.2013).

Liebers, H.-G./Gebhardt, K. (2011): Formularbuch des Fachanwalts Arbeitsrecht. 1. Auflage. Köln: Luchterhand

Mrozynski, P. (2009): SGB VIII Kinder- und Jugendhilfe. Kommentar. 5. Auflage. München: C. H. Beck.

Müller-Glöge, R./Preis, U./Schmidt, I. (Hrsg.) (2012): Erfurter Kommentar zum Arbeitsrecht. 12. Auflage. München: C. H. Beck.

Prott, R. (2001): Rechtshandbuch für Erzieherinnen. 7. Auflage. Weinheim und Basel: Beltz.

Recht & Sicherheit in der Kita. Bonn: PRO Kita.

Robert Koch Institut: Belehrungsbogen gemäß §34 IfSG Abs. 5 S. 2. Für Eltern und sonstige Sorgeberechtigte.
www.rki.de/DE/Content/Infekt/IfSG/Belehrungsbogen/belehrungsbogen_eltern_deutsch. pdf?__blob=publicationFile (Abruf: 14.02.2013).

Schaub, G./Koch, U. (2009): Arbeitsrecht von A–Z. 18. Auflage. München: dtv/Beck.

Völker, M./Clausius M. (2011): Sorge- und Umgangsrecht in der Praxis. 4. Auflage. Bonn: Deutscher Anwaltverlag.

# Weiterführende Links

Länderausschuss für Arbeitsschutz und Sicherheitstechnik (2006): Handlungsanleitung für den Vollzug des Mutterschutzgesetzes und der Verordnung zum Schutze der Mütter am Arbeitsplatz.
http://service.mvnet.de/_php/download.php?datei_id=58859. (Abruf: 17.04.2013).

Landesamt für Arbeitsschutz, Gesundheitsschutz und technische Sicherheit Berlin (Hrsg.) (2011): Merkblatt zum Mutterschutz beim beruflichen Umgang mit Kindern und Jugendlichen. www.berlin.de/imperia/md/content/lagetsi/merblaetter/kinder.pdf?start&ts=1330593077&file=kinder.pdf (Abruf: 17.04.2013).